GottesdienstPraxis
Serie A

Arbeitshilfen für die Gestaltung
der Gottesdienste im Kirchenjahr

Herausgegeben von Sigrun Welke-Holtmann

GottesdienstPraxis

I. Perikopenreihe

Band 1:
1. Advent bis letzter Sonntag nach Epiphanias

Penguin Random House Verlagsgruppe FSC® N001967

1. Auflage
Copyright © 2024 Gütersloher Verlagshaus, Gütersloh,
in der Penguin Random House Verlagsgruppe GmbH,
Neumarkter Str. 28, 81673 München

Umschlagentwurf: Finken & Bumiller, Stuttgart,
unter Verwendung des Bildes »vollbracht« von Cornelia Patschorke,
© Cornelia Patschorke, München, www.cornelia-patschorke.de
Satz: Buch-Werkstatt GmbH, Bad Aibling
Druck und Einband: GGP Media GmbH, Pößneck
Printed in Germany
ISBN 978-3-579-07590-7
www.gtvh.de

Inhalt

1. Advent
Mt 21,1–11

Elisabeth Müller

Erste Begegnung mit dem Text

Wenn ich diesen Text lese, habe ich sofort die Musik Johann Sebastian Bachs im Ohr. Der Einzug Jesu in Jerusalem gehört liturgisch sowohl zum 1. Advent als auch zum Palmsonntag. Bach hat diese Parallele musikalisch umgesetzt, indem der Choral »Wie soll ich dich empfangen« aus dem Weihnachtsoratorium (BWV 248 Nr. 5) und die Choräle »O Haupt voll Blut und Wunden (BWV 244 Nr. 54) und »Wenn ich einmal soll scheiden« (BWV 244 Nr. 62) in der Matthäuspassion die gleiche Melodie haben. Die beiden Choräle rahmen in der Passion die Kreuzigung ein, also den Tod Jesu.

Das »Hosianna« des Einzugs in Jerusalem verbindet sich mit dem »Kreuziget ihn!« der Passion. Diese Parallele drückt zunächst die Wankelmütigkeit der öffentlichen Meinung aus.

Zum anderen aber folgt Bach damit der Theologie des Matthäus: Der wirkliche Erweis, dass Jesus von Nazareth der ersehnte Messias ist, zeigt sich am Kreuz. Der Chor, der beim Einzug noch die Stimmung der Vielen wiedergibt, ruht bei der Kreuzigung sozusagen nur noch auf wenigen Schultern: Es sind nicht viele, die im gefolterten Opfer noch den Erlöser erkennen. Die Kreuzigung war eine schreckliche und demütigende Art der Hinrichtung. Für die Angehörigen/ Gefolgsleute von Gekreuzigten war die Art des Todes am Kreuz mit großer Scham behaftet. Und jeder Ausdruck von Mitgefühl oder Anteilnahme war außerdem gefährlich. Das ging auch später noch so weit, dass selbst Kirchenväter sagten: »Lasst uns lieber nicht darüber sprechen, dass Jesus gekreuzigt wurde.« Luise Schottroff hat diese Debatte eindrücklich in ihrem Kommentar zum 1 Kor dargestellt (Luise Schottroff, Der erste Brief an die Gemeinde in Korinth, ThKNT, Stuttgart 2013, 31 ff.)

Nachdem das Römische Reich untergegangen war und die Kreuzigung als Hinrichtungsmethode verschwand, änderte sich das langsam. Die Kirche Santa Sabina in Rom zeigt auf einem hölzernen Portal die älteste uns bekannte Darstellung der Kreuzigung Jesu (https://de.wikipedia.org/wiki/Datei:Santa_Sabina_Kreuzigung.jpg). Das Portal stammt aus der Zeit um 432 (https://de.wikipedia.org/wiki/Santa_Sabina). So lange hat es gedauert, bis die Kreuzigung darstellbar war. Man kann es auch so sagen: Erst musste die schreckliche Praxis der Kreuzigungen zu Ende gehen, ehe sie im christlichen Bereich gezeigt werden konnte. Es braucht Abstand zu einem kollektiven Trauma, ehe es bearbeitet werden kann.

Später, als Darstellungen des Gekreuzigten allüberall zu sehen waren, als sie ein Alltags-Gegenstand wurden, als die Kreuzigung als ein Teil göttlicher Vorsehung verstanden wurde, da ging das Empfinden für das dahinter verborgene Trauma verloren.

Bei Bach ist dieses Trauma aber zu spüren. Es begleitet den Einzug Jesu nach Jerusalem als düstere Kulisse, als Vorahnung des Schreckens, der noch kommen soll.

Exegetische Skizze

Innerhalb des Mt ist die Verlegung der Erzählung nach Jerusalem der Anfang vom Ende. Der Gang der Ereignisse war den Hörenden ja bekannt, und alle wissen: Nun wird es schlimm. Nun kommt das Unfassbare. Insofern hat Bach die Theologie der Erzählung sachgerecht in seiner Musik umgesetzt.

»Die Kapitel 19–25 beschreiben ... eine Reise in die äußere Welt und gleichzeitig eine innere Entwicklung ... Die ... Reise ist deutlich der paradoxe Weg, der in die physische Zerstörung hinab- und die geistliche Entwicklung hinaufführt.« (Fritz Künkel, Die Schöpfung geht weiter, Eine psychologische Auslegung des Matthäus-Evangeliums, Konstanz 1957, 237).

Mt erzählt die Geschichte schon mit einigen Jahrzehnten mehr Abstand als Mk. »Der große Mythos vom Gottessssohn, der stirbt, den Tod bezwingt und wieder aufersteht – der Mythos von Osiris – ist im Begriff, Geschichte zu werden.« (a.a.O., 243)

Für die Predigt zum 1. Advent geht es in diesem Duktus um die Frage: Wen lässt du in dein Herz? Die Frage in V.10 bringt es auf den Punkt:

»Wer ist der?« Die stark psychologisierende Deutung Fritz Künkels geht diesen Weg:»Der Menschensohn zieht in unsere innere Stadt ein. Wir sind die Jünger, die sich über sein Kommen freuen, wir sind aber auch die Pharisäer und Sadduzäer, die es übelnehmen.« (a. a. O., 249) Dafür bietet sich das Thema der Adventstürchen an. Die Predigt könnte dann sozusagen verschiedene Türchen öffnen und in Augenschein nehmen, was es (inklusive des schrecklichen Todes) bedeutet, dass Jesus zu uns kommt.

Eine weitere Möglichkeit ist es, den Einzug in Jerusalem im Kontext der Gleichnisse in Mt 21,28 ff. und der Einladung zum Hochzeitsmahl in Mt 22,1–14 zu lesen. Mt beschreibt hier genau, wer berufen ist (21,51.), wer zu den bösen Pächtern gehört (21,40), wer zum brauchbaren Grundstein wird (21,42) und schließlich, wer zum großen Hochzeitsfest eingeladen wird (22,23):»Obwohl die römische Herrschaft als Zerstörung der Lebensstrukturen erfahren wird und obwohl Israels Zukunft bedroht ist, halten sich diese Menschen an die Verheißung Gottes.« (Luise Schottroff, Verheißung für alle Völker, in: Kompendium der Gleichnisse Jesu, hg. von Ruben Zimmermann, Gütersloh 2007, 479 ff.)

Ein weiterer Weg zur Predigt liegt in der Einbeziehung des Introitus für den 1. Advent. Der Psalm 24 mit seiner Torsymbolik»spiegelt ein sogenanntes Tempeleinlassritual wider.« (Erich Zenger, Psalmen, Bd. 2, Freiburg 2011, 591) Dabei spielt die Frage nach den Einlassbedingungen eine zentrale Rolle, die Zenger als»Existenzbedingungen« deutet (a. a. O., 592). Hier geht es um die Menschen, die Gott suchen (6a) und vor der Tür stehen. Sie erwarten den König. Dieser König ist anders als die bekannten Könige. Das deckt sich mit der Darstellung Jesu im Mt: Jesus ist der gute König – angesichts solcher Figuren wie Herodes sogar eine Art Anti-König – der verheißen ist.

Weg zur Predigt

Jesus ist der wahre König. Diese Erkenntnis ist nur möglich, wenn wir sein Ende recht verstehen. Deshalb führt der Weg des»Hosianna dem Sohn Davids« in die Irre, weil er von einem herkömmlichen Sieg dieses Königs ausgeht – also vom Sieg über die römische Besatzung. In der Rückschau des Mt hat sich dieser Weg durch den verlorenen Jüdischen

Krieg (66–70 n. Chr.) als schreckliche, katastrophale Sackgasse erwiesen. Und in dieser Denkrichtung ist Jesus dann ja auch kein siegreicher König, sondern ein schmachvoller Verlierer. Wenn Jesus der König sein soll, dann ist sein Sieg nicht mit den üblichen Kategorien zu verstehen. In dem Roman »Heimgehen« von Karsten Krampitz (München 2006) wird das Leben des Pfarrers Benno Wuttke im Rückblick geschildert. Der Roman beruht auf dem Leben und Sterben des Pfarrers Oskar Brüsewitz, der sich im August 1976 in Zeitz öffentlich verbrannte. Krampitz beschreibt in szenischen Rückblicken, warum ein Pfarrer so etwas getan haben könnte. In einer Szene besucht Wuttke zum ersten Mal nach Antritt seiner Pfarrstelle den lokalen Pfarrkonvent: Er betritt einen Raum mit vorwiegend grau gekleideten Menschen, die mit eher depressivem Gesichtsausdruck zusammensitzen. »Wie sitzt ihr denn hier herum? Ihr vertretet eine Siegerreligion!«, ruft Wuttke den Kollegen zu. Für mich ist Pfarrer Wuttke, wie Krampitz ihn beschreibt, ein Mensch, der es wie wenige verstanden hat, dass Jesus der wahre König ist – eine Art von Sieger, die wir erst erkennen, wenn wir in die Tiefe gehen.

Es geht also darum, über Erwartungen zu sprechen: Wie stelle ich mir Gott vor? Für wen öffnen sich die uralten Pforten? (Ps 24) Gibt es eine Art Ent-Täuschung? Was bedeutet »Sieg«?

Zunächst einmal bearbeite und formuliere ich den Psalm 24 so, dass er im Wechsel gelesen werden kann und auf diese Weise wirklich einen Dialog wiedergibt:

Die Erde und alles, was sie erfüllt, gehört Gott,
alle Länder der Erde und die Menschen, die darin wohnen.
Denn Gott hat das Land geschaffen – über dem Meer.
Wer darf hinaufsteigen zum Berg Gottes?
Wer darf an der Heiligen Stätte stehen?
Wer reine Hände hat und ein lauteres Herz,
wer nicht betrügt, die Wahrheit liebt und der Lüge keinen Raum gibt.
Solch ein Mensch wird Segen empfangen von Gott und Heil und Hilfe.
So suchen die Menschen, die vor dem Tor stehen, nach Gott.
Sie suchen dein freundliches Wort.
Machet die Tore weit,

hebt euch empor, ihr uralten Pforten!
Dass der König einziehe, den wir ehren.
Wer ist dieser, den ihr ehrt?
Er ist Gott, der Starke, der Mächtige, der den Sieg hat.
Machet die Tore weit,
hebt euch empor, ihr uralten Pforten!
Dass der König einziehe, den wir ehren.
Wer ist dieser, den ihr ehrt?
Es ist Gott, der Herr der Welt.
Ihm steht die Ehre zu, ihm, dem König.

Predigtthema

Im Advent kommt Gott in Jesus zu uns. Was tun wir, um ihm entgegen-
zugehen? Wie empfangen wir Gott? Wie erkennen wir Gott in unserem
Leben? Jesus öffnet die Tür von seiner Seite aus. Wie öffnen wir die Tür
von unserer Seite aus?

Vorschläge zur Liturgie

Einleitung zum Kyrie/Eingangsgebet
Sanft hütest du unser Leben, Gott.
Im großen Atem der Schöpfung hältst du uns geborgen
und führst unser Leben weiter der Vollendung entgegen.

Zu dir sind wir gekommen
an diesem Adventssonntag,
weil wir dich suchen.
Weil die Sehnsucht in uns wächst
in dieser dunklen Zeit des Jahres.
Lass die Dunkelheit fruchtbar für uns sein,
lass unsere Seele sich entfalten und wachsen
wie die Saat in der winterlichen Erde.
Komm uns entgegen,
zeig uns den Weg zum Licht.
nach einem Gebet von Martina Gutzler, in: Feministische Predigtreihe, 1996/97, 6

Fürbitte

Gott, wir bitten dich in dieser dunklen Zeit des Jahres:
Mach du uns Mut, wenn die Nachrichten zum Verzweifeln sind.

Wir bitten dich heute:
Für alle Menschen, die in Dunkelheit leben,
die von Finsternis umgeben sind.
Schenk ihnen dein Licht.
Für alle, die Krieg und Gewalt aushalten müssen.
Für alle, die in Unfreiheit leben.
Für alle, die politisch verfolgt werden.
Stärke du ihnen den Rücken und halte ihre Seelen.
Wir bitten dich für unsere schöne Erde,
die kurz vor dem Kollaps steht,
für alle Tiere und Pflanzen,
die wir Menschen bedrohen und ausrotten.
Gib uns Mut und Phantasie, damit wir unser Leben verändern
und neue Wege gehen!

Und so vertrauen wir uns dir an:
Ewiges Licht, das uns und der ganzen Schöpfung leuchtet.
Einzige Liebe, die alle Zeit überdauert.
Unendliche Kraft, die das Unheil überwindet.

Lieder: EG 1 Macht hoch die Tür; EG 11 Wie soll ich dich empfangen; EG 13 Tochter Zion; EG 14 Dein König kommt in niedern Hüllen

Vorschlag zur Predigt

Möglicher Anfang

Jetzt ist die Zeit, in der wir Türchen öffnen, in all den verschiedenen Adventskalendern. Wir finden darin kleine Geschenke, die uns Freude machen. Daneben gibt es noch eine andere, eine besondere Tür, die sich nun für uns auftut: die große Tür zum Himmel. Sie steht offen in dieser besonderen Zeit des Jahres, so heißt es seit alter Zeit. Es liegt an uns, auf sie zuzugehen – und zu sehen, was sie uns schenkt. Ihr Inhalt ist nicht ganz so leicht in Empfang zu nehmen wie ein Päckchen oder eine Süßigkeit im Adventskalender. Dafür schenkt sie uns etwas Dauerhaftes, etwas Ewiges sozusagen – etwas, das unsere Seele und unser Herz erfüllt.

Im 24. Psalm haben wir eben gehört, dass die Menschen, die Gott suchen, vor dem großen Tor stehen. Wenn wir Gott suchen, wenn wir vor dieser Tür stehen, dann ist jetzt die Zeit, das Tor zu durchschreiten und Gott zu finden. Im Psalm wird Gott als König beschrieben. Damit ist gemeint: Gott kann in *deinem* Leben sein wie ein König. Und zwar wie ein *guter* König – diese Unterscheidung ist wichtig. Sie ist ähnlich wie der Unterschied zwischen dem Türchen im Adventskalender und der Himmelstür: Es geht um das Ewige, das Dauerhafte, was unsere Seele nährt, unseren Rücken aufrichtet, was uns und der Welt Frieden schenkt.

Zum weiteren Verlauf

Mt 21,1–11 zeigt eine Begeisterung, die mitreißt. Die Menschen erwarten sich von Jesus die Verbesserung ihrer Lebensumstände, Befreiung von der schrecklichen römischen Besatzung. Sie wollen, dass es besser wird. Das ist zutiefst nachvollziehbar. Auch wir erwarten, dass es besser wird in unserem Land und in der ganzen Welt. Gerade in der Adventszeit hören wir die alten Verheißungen mit einem sehnsuchtsvollen Herzen und mit dem großen Wunsch nach einer besseren Welt.

Gleichzeitig müssen auf dieser Erde alle Menschen damit leben, dass es nicht so ist, wie es sein sollte – und dass politische Hoffnungen und soziale Bewegungen oft nicht zu dem Ziel führen, das wir uns wünschen und das sie uns versprechen. Auch die Begeisterung für Jesus flaut schnell ab. Die Menschen jubeln Jesus zu, weil sie in ihm die Erfüllung ihrer Hoffnungen sehen. Sie nennen ihn König, weil sie hoffen, dass er tatsächlich König werden wird. Auch der Psalm 24 nennt Gott den König.

Die Predigt sollte nun ausführen, warum Jesus eine andere Art von König ist.

Das Kunststück ist: die Hoffnung nicht aufgeben und trotzdem nicht das Herz daran hängen, dass die Veränderung zum Guten vielleicht nicht so kommt, wie wir sie uns vorstellen. Den Blick auf die Himmelstür richten und auf das, was Gott uns zu schenken vermag. Es geht um eine gewisse Offenheit für das, was auf uns zukommt.

Das ist unser Beitrag zum Öffnen der Tür und außerdem »reine Hände und ein lauteres Herz« zu haben. Nicht nur das Haus und die Wohnung müssen auf Weihnachten vorbereitet werden. Auch wir selbst müssen uns vorbereiten: Wie soll ich dich empfangen und wie begegne ich dir?

Möglicher Schluss

Jesus kommt. Die Tür wird offengehalten, von Gott. Und wir sollen sie unsererseits offenhalten. Nicht sagen: Ja, so ist es halt, finden wir uns ab. Schluss, aus. Nein, der Adventskalender und all die vielen Bräuche in dieser Zeit lehren uns, das Warten nicht aufzugeben. Das Warten zu kultivieren. Festzuhalten an dem großen Versprechen, dass wir Menschen dazu bestimmt sind, in Frieden zu leben. Miteinander, mit der Schöpfung, mit Gott. Dass uns das zugetraut wird. Dass Gott, der gute König, es uns zutraut. Und dass dies das Ziel der Menschheit bleibt und das Ziel der menschlichen Geschichte: Frieden auf Erden. Diese Erwartung ist alt, das stimmt. Aber sie ist nicht von gestern. Sie ist das Morgen.

Kontexte und Tipps zum Text

Rosa Parks
Vor 70 Jahren
kam sie müde von der Arbeit
nahm Platz im Bus
1. Dezember 1955, Amerika
Schwarz-Weiß-Denken
sie nahm müde Platz im Bus
nach einem langen Tag
endlich Feierabend
Vor 70 Jahren
kam ein Weißer
suchte noch Platz im Bus
wollte ihren

1. Dezember 1955, Amerika
er war ein Weißer
sie eine Schwarze
er war im Recht, laut Gesetz
sie wollte Gerechtigkeit, leiser Mensch
und sie bleib sitzen

Sie war müde
sie war es müde, sich demütigen zu lassen
sitzen zu bleiben war ein echter Aufstand
sie saß
er stand da
das war zu bunt
für das schwarzweiße Denken
in Amerika
endlich Feierabend
Sie wurde verhaftet
jetzt musste sie sitzen
Rosa Parks
eingesperrte Blume
Vor 70 Jahren
blieb sie nicht alleine
andere widersetzten sich
setzten sich und standen auf
und der Bus wurde ein Bus-Boykott
und der Bus-Boykott wurde eine Bus-Boykott-Bewegung
und die Bus-Boykott-Bewegung führte zur Befreiung
Vor 70 Jahren
1. Dezember 1955, Amerika
heute, hier
den Moment verstehen
die Würde hüten
eine Welle auslösen
das richtige Wort sagen
Nein! oder Ja!
andere mitreißen
bewegen, befreien
Sitzen bleiben kann jede

Christina Brudereck, Zwischen Zeilen, 88 f., © bei der Autorin

2. Advent
Jes 35,(1.2)3–10

Claudia Brinkmann-Weiss

Erste Begegnung mit dem Text

Die Perikope war auch in der früheren Perikopenordnung ein Predigttext für den 2. Advent, allerdings in der V. Reihe und als ganze Perikope,
also ab V.1. Das Weglassen der ersten beiden Verse leuchtet nicht ein
und ich entscheide, die ganze Perikope zu lesen und als Grundlage für
die Predigt zu nehmen. Der Text spricht von Hoffnung und Erwartung
des kommenden Heils und passt so gut in die Adventszeit. Trotzdem
finde ich keinen rechten Zugang. Da ist einerseits die Schwierigkeit,
dass Mt 11,2 ff. (die Perikope ist Predigttext für den 3. Advent in der
VI. Reihe) als Antwort auf die Frage des Täufers Elemente aus Jes 35
aufnimmt und die Gefahr besteht, unter der Hand Mt 11 und nicht Jes
35 zu predigen. Andererseits schildert der Text zwar eine schöne Vision,
aber die Realität im Januar 2024, als ich die Predigt schreibe, und vermutlich auch noch im Dezember 2024 in Israel und Palästina und in
der Welt ist davon so weit entfernt, dass es mir schwerfällt, die schöne
Vision ins Heute sprechen zu lassen.

Exegetische Skizze

Der Name Jesaja bedeutet »der Herr rettet«. Und so handelt das Buch
Jesaja vom Rettungswillen und der Kraft zur Rettung des Gottes Israels durch die Jahrhunderte hindurch. Seine Immanuel-Prophetie war
prägend für die Evangelisten, die den verheißenen Immanuel in der
Person Jesu verwirklicht sahen. Das Jesajabuch ist somit besonders
relevant für die neutestamentlichen Texte. Gleichwohl darf es nach
heutigem Stand der theologischen Wissenschaft keineswegs auf diese
Weise vereinnahmt werden.
Über die Person des Propheten Jesaja selbst ist nur wenig bekannt. Er

lebte vermutlich um 730 v. Chr. in Jerusalem, eine adlige Abstammung ist wahrscheinlich.

Die Jesajaforschung hat in den vergangenen Jahrzehnten gravierende Veränderungen erfahren. Die klassische Dreiteilung des Buches in Jes. 1–39 (Protojesaja), 40–55 (Deuterojesaja) und 56–66 (Tritojesaja) mit den zugehörigen Datierungen vorexilisch, exilisch und nachexilisch ist so nicht mehr zu halten. Im ersten Teil des Buches finden sich Teile, die in die Zeit des »Tritojesaja« fallen. Redaktionsgeschichtliche Gesichtspunkte legen nahe, dass es sich bei unserer Perikope um einen der spätesten Texte des Jesajabuches (vermutlich aus dem 5. Jhd.) handelt. Die Annahme älterer Kommentare, dass Jes 35 eine Brücke zu Jes 40 ff. und damit zur Exilszeit schlage, kann daher bezweifelt werden. Es gibt viele Anhaltspunkte dafür, die Perikope in die nachexilische Zeit einzuordnen.

Nur wenige Kommentare gehen inhaltlich überhaupt auf Jes 35 ein. Die Perikope gehört gattungsgeschichtlich zu den Heilsworten und schließt den gesamten Abschnitt Jes 1–34 ab. Jes 36–39 enthält stärker geschichtlich orientierte Ausführungen, während Jes 35 kaum Hinweise auf eine konkrete historische Situation enthält. Das Exil ist vermutlich bereits Vergangenheit. Nicht alle sind zurückgekehrt. Manche haben das Leben in Babylon der Rückkehr in die Heimat vorgezogen. Für die, die sich zur Rückkehr entschlossen haben, liegt der Neuanfang schon eine Weile zurück. Der Tempel wurde wieder aufgebaut, das Land wieder bewohnbar gemacht. Die mit der Rückkehr verbundenen Hoffnungen haben sich aber wohl nicht erfüllt. Die persische Herrschaft presste das Land aus, gesellschaftliche Ungleichheit und Perspektivlosigkeit prägten die nachexilische Gesellschaft. Es ist eine Epoche der Resignation (V. 3 f.), eine Zeit in der Diaspora, die Wege sind gefährlich (V. 8 ff.).

V. 1 f. (die nicht zum Perikopenausschnitt des Predigttextes gehören) adressieren Wüste und Steppe als Zeugen des Heils, indem sie blühen und jubeln und die Herrlichkeit des Herrn sehen werden. Wüste und Steppe, immer wieder auch als Ort der Gottesferne und des Chaos charakterisiert, haben Anteil am Heilsgeschehen.

V. 3 f. sprechen die Menschen an (erst wird die Natur heil, dann die Menschen!), die müde und verzagt sind: Siehe da, euer Gott! Auch die Menschen sollen die Herrlichkeit des Herrn sehen und dadurch Kraft und Zuversicht gewinnen. Gott selbst kommt zur Rache. Die Rache Gottes meint nicht eine unkontrollierte Vergeltungsmaßnahme, sondern stellt Gerechtigkeit wieder her.

V. 5–7 sprechen das Heilwerden von Menschen mit Beeinträchtigungen an und das Fruchtbarwerden der Wüste. Menschen mit Behinderung lebten häufig am Rande der antiken Gesellschaft, ihre Heilung und damit mögliche Teilhabe am gesellschaftlichen Leben war also eine Bedingung für das umfassende Heil. Die Brunnen, die in der Wüste sprudeln und das Wachsen von nützlichem Schilfrohr und Papyrus statt dürrem Steppengras sind weitere Hinweise auf das alles umspannende Heil.

V. 8–10 beschreiben den Heiligen Weg, eine Straße des Friedens, auf der die Menschen sicher ihren Weg gehen können, zurück zum Zion, zum Ort des Heils. Auch Unwissende werden sich nicht verirren. Der »Löwe« kann nach einem Kommentar zum Talmud auch den König Nebukadnezar meinen.

Dieses späte Kapitel des Jesajabuches, das vermutlich die Funktion eines redaktionellen Brückentextes erfüllt, hat vielfältige Bezüge zu älteren Jesajatexten (das Motiv der Wüste (V. 1, vgl. z. B. Jes 40,3), die »Straße« (V. 8, vgl. Jes 40,3; 57,14) oder die Heilung von Blinden und Tauben (V. 5, vgl. Jes 29,18; 42,18). Das Kapitel verheißt den Zugang zu Gottes Gegenwart und Heil für die Menschen und die ganze Schöpfung.

Weg zur Predigt

2. Advent – ein Sonntag in der üblicherweise geschäftigen und oft mit zwiespältigen Gefühlen erfüllten Vorweihnachtszeit. Wer sich überhaupt zu einem Gottesdienstbesuch aufrafft, sehnt sich vermutlich nach einer ruhigen Stunde, nach Besinnung, nach Innehalten. Vielleicht aus dem Gefühl heraus, dass in all der Geschäftigkeit etwas fehlt. Vielleicht aus einer diffusen Sehnsucht nach einem anders erfüllten Leben. Vielleicht auch mit dem Schmerz über die Diskrepanz zwischen der Welt, wie sie ist, und der großen Verheißung der Engel auf den Feldern von Bethlehem. Ist diese Gefühlslage eventuell gar nicht so weit entfernt von der der Lesenden oder Hörenden der Worte aus Jes 35? Das Hoffen fällt schwer, die Sehnsucht ist müde oder kaum noch zu spüren, unterschwellig nagt der Frust und frisst Energie. Und doch ist die Gegenwart unsere einzige Gelegenheit. Sie ist das Leben, das wir haben. Nur sie bietet uns die Möglichkeit, unsere Kräfte zu entwickeln und einzusetzen.

Der lange und vielschichtige Text kann in der Predigt nicht ansatzweise vollständig ausgelotet werden. Deshalb werde ich in der Predigt nicht näher auf das Thema der »Rache Gottes« eingehen und auch nicht auf die schöpfungstheologische Dimension, die der Text erhält. Beides sind gleichwohl auch interessante Themen für eine Predigt über den Text!

Predigtthema

In Erwartung bleiben und an der Hoffnung festhalten, ohne sich wegzuträumen in irgendwelche Utopien. Gegenwärtig und empfänglich sein in dieser Wirklichkeit, so wie sie ist. Vor Veränderung nicht zurückschrecken. Und darauf vertrauen, dass Gott da ist. Mitten in diesem Leben, mitten in dieser Wirklichkeit.

Vorschläge zur Liturgie

Votum
Herzlich willkommen zu diesem Gottesdienst am 2. Advent. Herzlich willkommen mit dem Wochenspruch für die neue Woche: »Seht auf und erhebt eure Häupter, weil sich eure Erlösung naht.« (Lk 21,28). Der Wochenspruch weist uns darauf hin: Advent ist eine Haltung. Advent heißt sich aufrichten, den Blick heben und ins Weite schauen. Vielleicht probieren Sie das jetzt mal aus: Sich gerade aufrichten, tief atmen und ins Weite schauen.
Herzlich willkommen!

Eingangsgebet
Komm du uns nahe, Gott.
Komm mit deiner Gerechtigkeit.
Richte uns auf,
mach unseren Blick weit,
öffne unsere Herzen und Hände.
Das bitten wir durch Jesus Christus.
Amen.

Psalm: Ps 67,2–8

Lesungen: Lk 21,25–33; Jak 5,7 f.

Kyrie

Wege durchs Licht. Wege im Dunkeln. Zeiten, in denen die Hoffnung stark ist und das Leben schön. Zeiten, in denen uns Fragen und Zweifel quälen. Lasst uns Gott um Erbarmen bitten und rufen:

Fürbitten

Gott,
in deiner Gegenwart verwandelt sich unsere Welt.
Rühre uns mit deiner Liebe an,
dann schwindet unsere Angst.
Erleuchte uns mit deiner Klarheit,
dann weicht unsere Dunkelheit.

Wir bitten dich:
Stärke unsere Hoffnung, wenn Enttäuschungen uns niederdrücken.
Gib uns Vertrauen, wenn uns Zweifel lähmt.
Wenn wir auf unser Recht pochen, erinnere uns an das Recht der anderen.
Lehre uns die Folgen bedenken bei all unserem Tun.

Wir bitten für unsere Welt:
Gib denen, die Verantwortung tragen, Einsicht und Weisheit.
Gib den Einsichtigen und Klugen die Kraft, gehört zu werden.
Lass die Bedrohten Schutz und die Bedürftigen Hilfe finden.
Hilf uns, zum Frieden und zur Gerechtigkeit beizutragen mit unserer kleinen Kraft.
(Stilles Gebet)

Lieder: EG 17,1.2 Wir sagen euch an den lieben Advent; EG 7 O Heiland, reiß die Himmel auf; EG 10 Mit Ernst, o Menschenkinder; EG 1,1.5 Macht hoch die Tür

Vorschlag zur Predigt

Möglicher Anfang

Liebe Gemeinde!
Eine wunderschöne Verheißung aus längst vergangener Zeit ist heute unser Predigttext.

(Lesung des Predigttextes)

Die Wüste blüht auf, die ganze Schöpfung grünt und blüht zum Lobe Gottes. Schwache werden stark und Mutlose haben keine Angst mehr. Kranke werden gesund. Nutzloses Gras wird kostbare Papyruspflanze, und ein heiliger Weg führt durch die Landschaft, keine Gefahr lauert auf ihm, er führt durch paradiesische Gegenden geradewegs ins Gelobte Land. Eine schöne Verheißung. Ein verlockender Traum. Eine realitätsferne Utopie? Wie hören Sie, liebe Gemeinde, diese Verheißung, heute am 2. Advent, mit Ihren Lebenserfahrungen, mit Ihrer aktuellen Gestimmtheit, mit der Kenntnis der Welt, wie sie heute ist?

Lassen Sie mich Ihnen kurz andeuten, in welche Wirklichkeit der Prophet Jesaja diese Worte gesagt hat. Denn dieser Text ist ja ursprünglich nicht für uns heute gemacht. Er wurde gesagt zum Volk Israel vermutlich im 6. oder 5. Jahrhundert v. Chr. Hinter dem Volk Israel lag die Erfahrung der Zerstörung des Tempels in Jerusalem, die Erfahrung der babylonischen Gefangenschaft und des Exils. Vermutlich sind die Exilierten bereits aus dem Exil zurückgekehrt und leben wieder im Heiligen Land. Der Tempel in Jerusalem wird wieder aufgebaut, wenn auch nicht so schön und prächtig wie zuvor. Das Land lebt unter persischer Besatzung, das Volk ist also nicht wirklich frei. So hat sich zwar der große Traum der Rückkehr in die Heimat erfüllt und trotzdem ist nun nicht alles nur schön und wunderbar. Sondern der Lebenskampf geht weiter. Viele Hoffnungen haben sich nicht erfüllt. Es gibt nach wie vor Krankheit und Armut, die Wüste blüht nicht, Gefahren lauern überall. Die Menschen sind müde und erschöpft, Verzagtheit und Hoffnungslosigkeit machen sich breit.

Zum weiteren Verlauf

Liebe Gemeinde, vielleicht haben Sie nun doch manchmal gedacht: Das ist ja irgendwie auch meine Situation. Das Gefühl, dass alles zu viel ist, dass sich meine Anstrengung nicht lohnt, dass meine Hoffnungen sich nicht erfüllt haben: auf Erfolg im Beruf, auf ein glückliches Familienleben, auf einen erfüllten Ruhestand. Auf Heilung nach einer Krankheit, auf die Chance eines Neuanfangs. Vielleicht auch gerade jetzt in der Adventszeit, einer Zeit, die mit besonderen Gefühlen aufgeladen ist. Wir wünschen uns gerade in dieser Zeit Harmonie, Ruhe, Frieden und Schönheit. Und sind tatsächlich oft gestresst, enttäuscht, ohne Energie. Oder auch mit Blick auf die Lage in der Welt, die wenig Anlass zur Hoffnung gibt.

(Hier kann auf konkrete Krisen eingegangen werden, etwa Krieg, die Debatte um Migration, Ergebnisse der Wahlen etc.)

Ist die Botschaft von Weihnachten nicht Frieden und Freude für die ganze Welt? Auch für mich? Und was, wenn die Wirklichkeit so weit davon entfernt ist? Wie kann man da noch hoffen? Was kann man denn noch glauben?

Die Worte des Propheten richten sich an Menschen, die erfahren haben, dass die Erfüllung der Erwartung weit hinter dem zurückbleibt, was erträumt worden ist. Sie richten sich an Menschen, denen die Hoffnung verloren ging und denen die Enttäuschung in den Gliedern sitzt. Deren Herzen verzagt, deren Hände müde, deren Knie weich geworden sind.

Die Bilder der Verheißung, die er malt, sind Gegenbilder zu erlittenen Erfahrungen: Zu Wüstenzeiten, in denen die Seele zu vertrocknen scheint, wo nichts grünt und blüht, wo alles trocken und erstarrt scheint. Zu der Erfahrung, sich stumm und taub zu fühlen, blind und lahm, nur noch zu funktionieren, keine Selbstwirksamkeit mehr zu erleben, sich überflüssig und das eigene Leben als sinnlos zu erfahren. Zu der Lebensangst, die uns einschüchtert und verunsichert auf unserem Lebensweg. Zum Erleben realer Gefahren und Bedrohungen.

(Hier kann weiter konkretisiert werden, welche Erfahrungen Menschen machen.)

Gegenbilder zu realen Erfahrungen der äußeren Lebenswelt und des eigenen inneren Erlebens. Von den realen Erfahrungen könnten wir alle berichten. Und es liegt mitunter nahe, sich aus der rauen Wirklichkeit wegzuträumen in ein schöneres Leben. Das tun wir ja manchmal auch. Wir tauchen ein in die Welt von Filmen oder des Internets, oder in Romane, oder auch in eine Sucht, die Distanz schafft zu einer Wirklichkeit, die unerträglich geworden ist.

Ist unser Predigttext so gemeint? Wie ein schöner kitschiger Film, in den wir abtauchen, um für ein paar Stunden in einer schöneren Welt zu sein? Wie Alkohol, der unsere Wahrnehmung betäubt? Will der Prophet seinem Volk helfen, mal kurz auszusteigen aus der deprimierenden Wirklichkeit?

Nein, liebe Gemeinde, das will er nicht. Denn er betont: Seht, da ist euer Gott! Er betont: In dieser Wirklichkeit ist Gott ja schon am Werke! Es gibt jetzt schon etwas zu sehen von der Gegenwart Gottes, die sich zugleich in jedem Augenblick neu ereignet.

(Hier können konkrete Beispiele angeführt werden, aus dem Leben der Gemeinde, aus positiven Nachrichten, auch aus der Kenntnis persönlicher Erlebnisse der Gemeindeglieder – natürlich anonymisiert.)

Deshalb können wir den Weg unseres Lebens ohne Lebensangst gehen. Die Gefahren sind nicht für immer besiegt. Wüstenzeiten wird es weiterhin geben. Und wir fühlen uns auch manchmal müde und mutlos. Aber – das große Aber dieses Predigttextes: In dieser unserer Wirklichkeit ist Gott da. Diese Wirklichkeit, die Gegenwart ist unsere einzige Gelegenheit. Sie ist das Leben, das wir haben. Sie bietet uns die Möglichkeit, unsere Kräfte zu entwickeln und einzusetzen. Und wir dürfen immer bereit sein, uns von ihr ergreifen und überraschen zu lassen.

Möglicher Schluss

Liebe Gemeinde, wir feiern den 2. Advent. Wir gehen auf Weihnachten zu, das Fest der Menschwerdung Gottes. Advent ist die Zeit der Erwartung. Und Advent ist eine Haltung. Die Haltung, gegenwärtig und empfänglich zu sein, aufmerksam für das, was in jedem Augenblick da ist. Nicht müde zu werden, sondern aufrecht und mit wachem Blick unseren Lebensweg zu gehen. Das wird nicht immer gelingen. Nicht in dieser betriebsamen Zeit vor Weihnachten. Nicht in unserem persönlichen Leben mit den je eigenen Herausforderungen. Nicht in dieser Welt, in der so vieles im Argen ist. Aber vielleicht: Manchmal. Vielleicht jeden Tag 5 Mal? 5 Mal sich aufrichten, den Blick weiten, tief atmen und bewusst auf die kleinen Wunder, die kleinen Zeichen von Gottes Gegenwart achten? Und so Stück für Stück in diese Wirklichkeit hineinreifen: Seht, da ist euer Gott!
Amen.

Symbole, Aktionen

Man kann nach der Predigt die Gottesdienstteilnehmenden einladen, einmal diese Körperübung in Stille zu machen: Sich hinstellen, aufrichten, tief atmen, den Blick weiten, eine Minute in Stille wahrnehmen, was ist (in mir und im Kirchenraum). Die kleine Übung kann mit den Worten: »Gott, danke, dass du da bist.« beendet werden.

Kontexte und Tipps zum Text

Alles beginnt mit der Sehnsucht. Immer ist im Herzen Raum für mehr, für Schöneres, für Größeres. Das ist des Menschen Größe und Not: Sehnsucht nach Stille, nach Freundschaft und Liebe. Und wo Sehnsucht sich erfüllt, da bricht sie noch stärker auf. Fing nicht auch deine Menschwerdung, Gott, mit dieser Sehnsucht nach dem Menschen an? So lass nun unsere Sehnsucht damit anfangen, dich zu suchen, und lass sie damit enden, dich gefunden zu haben.
Nelly Sachs

Manchmal stehen wir auf. Stehen wir zur Auferstehung auf mitten am Tage. Mit unserem lebendigen Haar, mit unserer atmenden Haut.
Nur das Gewohnte ist um uns. Keine Fata Morgana mit weidenden Löwen und sanften Wölfen. Die Weckuhren hören nicht auf zu ticken. Ihre Leuchtzeiger löschen nicht aus.
Und dennoch leicht. Und dennoch unverwundbar. Geordnet in geheimnisvolle Ordnung. Vorweggenommen in ein Haus aus Licht.
Marie Luise Kaschnitz

Ich hab geträumt, der Winter wär vorbei, du warst hier, und wir warn frei, und die Morgensonne schien. Es gab keine Angst und nichts zu verlieren, es war Friede bei den Menschen und unter den Tieren, das war das Paradies.
Der Traum ist aus. Der Traum ist aus. Aber ich werde alles geben, dass er Wirklichkeit wird.
Ich hab geträumt, der Krieg wär vorbei, du warst hier, und wir warn frei, und die Morgensonne schien. Alle Türen waren offen, die Gefängnisse leer, es gab keine Waffen und keine Kriege mehr, das war das Paradies.
Der Traum ist aus. Der Traum ist aus. Aber ich werde alles geben, dass er Wirklichkeit wird.
....
Ton Steine Scherben

3. Advent
Röm 15,4–13

Götz Brakel

Erste Begegnung mit dem Text

Von Mitte Dezember 2023 bis Ende Januar 2024 habe ich an diesem Text gesessen. Gerade in der Adventszeit geschieht Predigen nicht im luftleeren Raum. Jahreswechsel 2023/24 war weiterhin bestimmt vom Kriegsgeschehen in der Ukraine und im Nahen Osten. Außerdem erschreckte der Ausblick auf das kommende Jahr: Wahlen in ostdeutschen Bundesländern angesichts des Erstarkens der AfD und eine mögliche Wiederwahl von Donald Trump. Wie passt in diese Weltlage eine besinnliche Adventsstimmung? Der dritte Advent ist stark durch die Figur Johannes des Täufers und durch das Thema »Wegbereitung« geprägt. Der vorliegende Predigttext mutet mich bis auf die letzten beiden Verse mit dem Jesajazitat kaum adventlich an. Die Lichtmetaphorik, die in unserer Adventsfrömmigkeit eine große Rolle spielt, kommt nicht vor.

Exegetische Skizze

Der Römerbrief ist einer der zentralen Texte des Neuen Testaments und war vor allem von den Reformatoren hochgeschätzt. Die Verfasserschaft des Paulus und die Integrität des Briefes sind relativ unbestritten. Paulus hat ihn wohl im Jahr 56 n. Chr. in Korinth seinem Sekretär Tertius (Röm 16,22) diktiert. Paulus hatte Rom noch nicht besucht und schreibt einen Brief in die Fremde. Ihn hatten Nachrichten über Streitigkeiten in den Hausgemeinden Roms zwischen Juden- und Heidenchristen erreicht, und er plante, nach Rom zu reisen. Mit seinem Brief will er mit der Gemeinde ins Gespräch kommen und sie eventuell als Ausgangspunkt für weitere Missionsvorhaben gewinnen.
(dazu de.wikipedia.org/wiki/Brief_des_Paulus_an_die_Römer &

https://www.bibelwissenschaft.de/ressourcen/bibelkunde/bibelkunde-nt/roemerbrief-rom)
Im vorliegenden Predigttext entdecke ich als Kerngedanken die Zusammengehörigkeit von Juden- und Heidenchristen, die in drei Abschnitten entfaltet werden. Diese Einteilung lege ich meiner Predigt zugrunde:

- V. 4–7 Das zuvor Geschriebene dient uns zur Lehre, ermuntert uns, einträchtig zu sein und einander anzunehmen.
- V. 8–10 Die Verheißungen Gottes sind an das jüdische Volk gegangen, und Heiden sollen Gott die Ehre geben. Hier sind die politischen Spannungen im Vorfeld des Jüdischen Krieges zu erahnen.
- V. 12–13 Es kommt der Spross, Hoffnung!

Weg zur Predigt

Der dritte Advent markiert im Familienleben die Endphase der Vorbereitung auf das Weihnachtsfest. In den Innenstädten gibt es die Weihnachtsbeleuchtung und die Weihnachtsmärkte. Das viele Licht hilft allerdings nicht, sich in dieser unübersichtlichen Welt zurechtzufinden. Der vorliegende Predigttext ist gehaltvoll, aber auch spröde und wenig anschaulich. Ich werde im Gottesdienst die zugänglichere Übersetzung der Guten Nachricht verwenden. Ich werde den Text in drei Abschnitte teilen (s. o.), die auch meine Predigt gliedern, und versuchen, von Paulus her uns etwas sagen zu lassen.

Predigtthema

Mut und Orientierung in der unübersichtlichen Welt.

Vorschläge zur Liturgie

Votum

»Bereitet dem HERRN den Weg; denn siehe, der HERR kommt gewaltig.« Jes 40,3.10

Gebet zum Eingang

Gott,
die Welt ist gerade so düster.
Wir warten auf das Licht,
das in die Finsternis strahlt.
Wir warten auf dich.
Gott,
wir haben Angst.
Krieg, Terror und Gewalt nehmen kein Ende.
Friede ist gerade so schwer.
Gott,
wir sind erschrocken.
Es gibt gerade so viel Streit und Unzufriedenheit in unserem Land.
Alle schimpfen und stöhnen, und die einen sind gegen die anderen.
Gott,
wir sind ärgerlich.
So viele Fragen, so wenige Lösungen, die uns überzeugen.
Wir sind ratlos.
Wir wissen nicht, welchen Weg wir einschlagen sollen.
Gott,
die Welt ist gerade so düster.
Wir warten auf das Licht, das in die Finsternis strahlt.
Lasse etwas aufleuchten in diesem Gottesdienst,
dass wir den Weg zu dir finden.
Wir warten auf dich.
Amen.

Psalm

Wie es das Perikopenbuch nahelegt, würde ich statt des Psalms den Lobgesang des Zacharias (Lk 1,68–79) im Wechsel beten.

Lesungen: Evangelium: Lk 3,3–14+18; AT-Lesung: Jes 40,1–11; Epistel: Röm 15,4–13 (Predigttext)

Fürbitten

Wir bitten dich, Gott, komm in unsere Welt.
Rette, was verloren ist. Füge wieder zusammen, was zerbrochen ist.
Schlichte Streit. Mache heil, was verletzt wurde. Hilf Streit und Feind-

schaft zu beenden und gib, dass Gerechtigkeit und Frieden wachsen unter den Völkern. Hilf Vorurteile zu überwinden und lass Rücksicht und Umsicht walten unter uns Menschen.

Wir bitten dich, Gott, komm in unser Leben. Stille unseren Hunger nach Leben. Tröste uns, wenn wir traurig sind. Schenke uns Mut, dem Bösen entgegenzutreten. Hilf uns, wenn wir verzweifelt sind. Stärke unseren Glauben.

Wir bitten dich, Gott, komm. Wir warten auf dich. Lasse deine Botschaft hörbar, deine Güte sichtbar und deine Liebe spürbar werden für jede und jeden von uns an allen Orten und an allen Tagen.
angeregt durch Eckard Herrmann: Neue Gebete für den Gottesdienst II, München 2004, 162 f.

Lieder: zum Anfang: EG 16 Die Nacht ist vorgedrungen; vor der Predigt: EG 10 Mit Ernst, o Menschenkinder; nach der Predigt: EG 30 Es ist ein Ros entsprungen

Vorschlag zur Predigt

Möglicher Anfang

Der Sekretär sitzt am Tisch und guckt seinen Meister groß an. Er wartet auf das Diktat. Paulus geht auf und ab und grübelt. Bald wird es auf die Reise gehen. Ihm geht durch den Kopf: Was will ich ihnen vorher schreiben – den Schwestern und Brüdern in Rom? Gerade aber ist so vieles unsicher. Diese Welt im Augenblick, niemand weiß, wo es hingehen wird. Es verändert sich gerade so viel.

Ob seine Reise gut geht, ob er unterwegs nicht aufgehalten oder verhaftet wird, alles ist im Unklaren. Und er weiß genauso wenig, ob er in Rom gut aufgenommen werden wird. Es scheint da Streit zu geben in der Gemeinde: die einen gegen die anderen. Vielleicht bricht alles auseinander. All das, was ihm wichtig ist, wäre dann vorbei. Er hat doch eine wichtige Botschaft, er hat doch eine Mission.

Schließlich konzentriert sich Paulus und richtet seine Worte an Tertius. Er versucht zusammenzudenken, was er von Christus gelernt hat und worüber er mit den Geschwistern in Rom ins Gespräch kommen kann. Schließlich ist er fast ans Ende gekommen. Tertius hat auch nicht mehr viel Platz auf den Papyri.

Wenn er im nächsten Jahr dorthin reisen würde, sollten sie ihn doch freundlich aufnehmen und ihm offen begegnen. Alle Parteien, die jüdischen Brüder und Schwestern und auch die anderen. Die einen, die nach dem Gesetz leben – wie Mose es vom Berg Sinai dem Volk mitgebracht hat, aber auch genauso die anderen, die nicht nach den Speiseregeln der Heiligen Schrift leben wollen oder können. Männer, die es scheuen, sich beschneiden zu lassen. Frauen, deren Familien sich der Gemeinde nicht anschließen mögen. Diese, die Heiden, wie man sie nannte, liegen ihm besonders am Herzen.

Jetzt zum Schluss seines Briefes – da muss es deutlich gesagt werden, wie es weitergehen soll. Was stützt eine Gemeinde? Was stärkt sie? Was bringt sie zusammen, wenn sie so unterschiedlich sind?

Zum weiteren Verlauf
Und so diktiert Paulus diese Sätze: V. 4–6. Also, das sagt Paulus der Gemeinde in Rom, geduldiges Ertragen und Mut! Und wir heute, liebe Gemeinde? Wenn er an uns heute als Kirche, als Gemeinde, als Menschen in diesem Ort, in diesem Land, diesen Brief geschrieben hätte? Was könnte geduldiges Ertragen und Mut heute bedeuten? ...

Wir sind mitten im Advent. Draußen ist es dunkel und ungemütlich. Zuhause zünden wir Kerzen am Adventskranz an.

Wir wollen in der Adventszeit ein bisschen Besinnlichkeit und Lichterglanz. Das lenkt von dieser hektischen und dunklen Welt ab. Besinnlichkeit und Lichterglanz – das erwarten wir auch in der Kirche.

Geduldiges Ertragen und Mut! Uns macht gerade unsere Kirche Sorgen.

Adventszeit – da sind die Gottesdienste und Konzerte gut besucht. Doch spüren wir, dass wir weniger werden.

Weshalb wenden die Menschen sich ab? »Ich glaube an Gott, aber dafür brauche ich nicht die Kirche.« Wie oft habe ich das schon gehört! Die Kirche wird nicht gebraucht, auch weil sie sich unglaubwürdig gemacht hat. Uns werden zu Recht Verfehlungen vorgeworfen.

Und dann sind da die vielen, die lehnen sie nicht einmal ab, sie sind einfach so weit weg. Für sie ist Kirche ein Überbleibsel aus der Vergangenheit. Glaube passt nicht in die Gegenwart. Denn unsere Gegenwart –

das ist eine schwierige Welt voller Probleme ... (Krieg, Populismus, Lebenshaltungskosten, Klimaveränderungen). Fragen und nichts als Fragen.

Was sollen wir nur tun? Es gibt einfache Antworten. Manches, was gesagt wird, ist schwer zu ertragen. Manches klingt für mich menschenverachtend, und andere regen sich über das auf, was Kirche schon wieder gesagt hat. Was hat Paulus noch mal damals an die Gemeinde in Rom geschrieben: (V. 7) *Lasst einander also gelten und nehmt euch gegenseitig an, so wie Christus euch angenommen hat.*

Also, versucht, euch gelten zu lassen. Versucht zu verhandeln, versucht einander zu verstehen, auch wenn es Kraft kostet. Gerade ihr als Kirche. Da wird noch miteinander geredet, auch wenn es schwerfällt. Gerade, wo in einer Gesellschaft vieles auseinanderbricht, sind die Institutionen umso wichtiger, die zusammenführen.

Aber er zeigt auch Grenzen auf. Manches ist keine Verhandlungssache. Paulus sagt es sehr genau: V. 8–11.

Gott ist treu, sagt er. Gott hat sich mit dem Volk Israel verbunden. Und in Jesus hat er gezeigt, dass er sich den Menschen zuwendet, egal welcher sozialen Schicht sie angehören, egal welcher Herkunft sie sind, welchem Volk sie angehören. Menschen abwerten, Völker verunglimpfen, das geht nicht. Das widerspricht allem, was in unseren heiligen Schriften steht, das geht gegen alles, was Jesus gepredigt hat. Gott ist Liebe, und wer in der Liebe bleibt, bleibt in Gott. Und wer Hass predigt, geht weg von Gott.

Aber Liebe ist schwach, sie kann verletzt werden, weil sie sich verletzlichen Menschen zuwendet. Aber das ist die Botschaft der Bibel. Auch Gott hat sich schwach gemacht, indem er sich in Jesus gezeigt hat.

Das, liebe Gemeinde, ist schon in der Geschichte von dem neugeborenen Kind in der Krippe zu sehen, die wir an Heiligabend hier in unserer Kirche hören werden. Und dieses Kind und der erwachsene Mann Jesus war ein Jude. Die ersten, die ihm nachgefolgt sind, gehörten auch dem jüdischen Volk an.

Paulus hat es doch gesagt: (V. 8b.9a) *Durch ihn hat Gott die Zusagen eingelöst, die er ihren Vorfahren gegeben hatte. Die anderen Völker aber haben Grund, Gott für sein Erbarmen zu rühmen* ... Das werden wir an Weihnachten feiern.

Möglicher Schluss

Paulus lässt schließlich den Propheten Jesaja sprechen: V.12–13. Also, da kommt noch etwas. Unser Glaube mag nicht alle überzeugen. Rom ist eine große Stadt. Aber haltet an der Hoffnung fest. Das ist keine Mehrheitsfrage. Und vergesst nicht, wo euer Glaube seine Wurzeln hat. Jesus war Jude. In ihm zeigt sich Gott, der vorher sich Abraham, Mose und den Propheten gezeigt hat. Da kommt eure Hoffnung her.

Liebe Gemeinde, das war damals schon so, wie es heute auch ist. Wir spüren das sehr deutlich in den letzten Jahren – bis in unsere Familien hinein. Angesichts der Weltlage gibt es welche, die sagen: Die Idee von Gott – passt nicht mehr. Wir brauchen den morschen Baumstumpf Gott nicht mehr. Der ist schon lange verdorrt. Wir sind kluge Menschen, die Wissenschaft erklärt uns alles. Manche sagen sogar: Wir müssen endlich Konsequenzen ziehen, wie einen alten Ast muss man Gott absägen, damit er keinen Schaden anrichtet. Gucken wir uns doch um, wie soll man da an Gott glauben?

Der Prophet, die Bibel, die ersten Christinnen und Christen und bis heute viele, die um ihren Glauben ringen, halten dagegen: Guck doch hin. Eine Knospe kommt. Das keimt noch was, und da kommt noch was – in dieser Welt, mit dieser Welt und über diese Welt hinaus. Gott hat uns noch nicht aufgegeben. Natürlich ist das brüchig und verletzlich. Das war schon bei Jesus so. Dieses Beieinander von Schwachheit und Stärke – gerade da in der Brüchigkeit ist Gott erschienen.

Macht was mit dieser Botschaft. Sie ist nicht der Zuckerguss auf den Adventsplätzchen. Sie fordert uns heraus, guckt doch auf dieses Kind in der Krippe. Ihr habt euch vielleicht schon zu gut eingerichtet in den letzten Jahren, und dabei die Geschundenen dieser Welt übersehen, bis hin zur geschundenen Schöpfung. Da, an den Brüchen des Lebens, da findet ihr Gott. Herausfordernd, aber da ist er. Und da, sagt Paulus, schaut hin, da liegt unsere Hoffnung.

Das werden wir gleich singen. »Das Blümelein so kleine, / das duftet uns so süß; / mit seinem hellen Scheine / vertreibt's die Finsternis.« Gott ist anders, als ihr gedacht habt. Und ihr findet vielleicht das Geheimnis des Lebens, Ewigkeit, das große Ganze im Kleinen, im Einfachen, in der Zuwendung zu den Schwachen und Schwachheiten im Leben. Auch in der Zuwendung zu eurer eigenen Schwachheit. Da findet ihr sogar eine Art von Freude, von der ihr vorher nichts geahnt habt. Frohe Adventszeit und fröhliche Weihnachten!

Gestaltungsidee

Ein alternativer Predigtansatz könnte sein, einen Aspekt des Textes herauszugreifen und daraus eine Hoffnungsperspektive zu entwickeln. Ich habe zu diesem Text gepredigt und mich auf V. 4 bezogen. Dabei bin ich die 16 Kirchenfenster unserer Kirche entlang gegangen, die Glaubenszeugen zeigen. »Die heiligen Schriften und die sie in die Welt gebracht haben. Hier an den Fenstern können wir sie verfolgen. Bei Abraham beginnt es … Er ist der Urvater unseres Glaubens aus dem ersten Buch unserer Bibel. Ein Flüchtling, er verließ seine Heimat, um seinen Glauben zu finden … Das letzte Fenster zeigt ein leuchtendes Marienbild mit dem Jesuskind. Jesus leuchtet in die Finsternis hinein. Unsere Welt braucht gerade dieses Licht so sehr, damit unser Glauben und unsere Hoffnung nicht verkümmern. Paulus sagt es so: V. 13. Amen.«

Stadtkirche Stade, Evangelisch-lutherische Kirchengemeinde
in der Hansestadt Stade, www.stadtkirchen-stade.de

Kontexte und Tipps zum Text

Mir ist bei der Arbeit an der Predigt ein Gedicht von Peter Rühmkorf in den Kopf gekommen und hat sich festgesetzt. Die Titelzeile ließe sich als Kehrvers in die Predigt einbauen oder in der Liturgie verwenden. »Bleib erschütterbar und widersteh«. Das ganze Gedicht ist hier zu lesen:
www.planetlyrik.de/peter-ruhmkorf-aufwachen-und-wiederfinden/2010/06/

4. Advent
Lk 1,(26–38)39–56

Martina Gutzler

Erste Begegnung mit dem Text

Von einer ersten Begegnung kann man nicht mehr sprechen, ich habe schon mehrmals über diesen Text gepredigt.

Nun aber, im Ruhestand, ohne wöchentliche Gottesdienstverpflichtung und ohne den ganzen dienstlichen Weihnachtstress, schaue ich wieder über den Text und mir fallen Dinge auf, die ich noch nie vorher in Frage gestellt habe:

Wieso gehen wir eigentlich immer davon aus, dass Maria und Elisabeth verwandt waren?

Von Jesus und Johannes wird später mit keinem Wort, in keinem Evangelium erwähnt, dass sie Cousins oder auch nur etwas ähnliches gewesen wären.

Was, wenn die Verwandtschaft viel weniger biologisch zu verstehen ist? Da ist ja Elisabeth, die Frau des Tempelpriesters und das prophetische Kind in ihrem Bauch verneigen sich vor dem kommenden Messias in Maria. Und Maria, die junge Messias-Mutter erwidert den Gruß mit Gebetsworten, die sich ganz in die Tradition der alttestamentlichen Psalmen stellen.

Die Symbolik hinter der Weihnachtsromantik ist also mit Händen zu greifen:

Hier umarmen sich Altes und Neues Testament schlicht wie liebevolle Cousinen.

Exegetische Skizze

Lukas ist ja der große Erzähler unter den Evangelisten.

Er verfügt bei den Geburtsgeschichten von Johannes und Jesus über Sondergut, zu dem kein anderer Evangelist Zugang hat. Während Matthäus die Legitimation Jesu über die väterliche Abstammung zementiert, gilt die Aufmerksamkeit des Lukas der weiblichen Seite. Genealogie spielt keine Rolle bei ihm. Bei Lukas bringt die Erfülltheit mit Gottes Geist und die Reaktion der Hauptfiguren darauf die Weihnachtsgeschichte zum Ziel.

Und er gestaltet sein Sondergut dramatisch und literarisch anspruchsvoll:

Er verschachtelt die Geburtsgeschichte des Propheten Johannes mit der von Jesus. Abwechselnd wird uns ein Blick in die Geschichte von Zacharias und Elisabeth und dann wieder ein Blick in die Geschichte von Maria gewährt.

Und der Blick, der uns geschenkt wird, ist ein sehr intimer, fast wie durchs Schlüsselloch.

Das ist auch das evangelistische Grundprinzip von Lukas (siehe Josef Ernst, Lukas, Ein theologisches Portrait; Patmos 1985, 9–40; 160–177).

Er geht wie auch an vielen anderen Stellen seines Evangeliums ganz nah an die entscheidenden Personen und ihre Gefühle heran: Maria, von der Nachricht des Engels erst einmal sprachlos und dann doch bereit; Elisabeth, hochschwanger, deutet geisterfüllt die Bewegungen ihres Kindes und bricht in Jubel aus; die Hirten, erst voll von Furcht und dann jauchzend.

Maria und Elisabeth stehen für die neue und die alte Begegnung mit Gott und wir als Zuhörende müssen nicht wählen. Altes und Neues werden nicht gegeneinander ausgespielt wie später so verhängnisvoll in der Kirchengeschichte, sondern brauchen sich gegenseitig genauso wie sich Elisabeth und Maria in ihren Schwangerschaften brauchen.

Das Magnifikat, der neutestamentliche Psalm der Maria, ordnet alles, was danach im Evangelium und Leben Jesu kommt, ein ins jüdische Gottesbild und die alttestamentlichen Verheißungen.

In den Gospels, so habe ich es diesen Advent gelernt, findet sich manchmal auch mitten in aller Rührseligkeit über das Kind in der Krippe die Wendung, in der Krippe liege das große »Ich bin, der ich bin«. Gott allmächtig und allmenschlich, ungreifbar und doch so nah und zum Anfassen einladend wie ein neugeborenes Baby.

Weg zur Predigt

Ich bleibe auf der Spur und sehe Maria und Elisabeth stellvertretend für das aufkeimende Christentum und das Judentum, das diese Geburt hautnah miterlebt und aus dem dieser neue Glaube geboren wird. In mir entsteht die Idee einer angedeuteten Dialogpredigt zwischen unserer modernen Weihnachtswelt und dem Evangelisten Lukas. Warum, Lukas, würde ich fragen, erzählst du uns diese Geschichte und warum erzählst du sie uns so? Ich finde es am Ende der Adventszeit, auf der Schwelle zu Weihnachten, erfrischend, einen Schritt zurückzutreten und den Regisseur hinter dem Weihnachtsfilm, der jedes Jahr geradezu unbezwingbar über uns kommt, in den Blick zu nehmen.

Predigtthema

Maria und Elisabeth, Erfüllung und Verheißung gehören untrennbar zusammen.

Vorschläge zur Liturgie

Biblisches Eingangswort
»Freuet euch in dem Herrn allewege, und abermals sage ich: Freuet euch! Der Herr ist nahe!« (Phil 4,4.5b)

Psalm: Ps 102

Gebet zum Eingang
Gott, du Anfang und Ende,
an der Schwelle zu Weihnachten ist unser Blick von vielem in Beschlag genommen:
Die Mühen der letzten Wochen, die Vorbereitungen für Weihnachten und die Erwartungen an die Festtage beschäftigen uns.
Gott, wir bitten dich, lass uns das jetzt in dieser Stunde ablegen.
Hilf uns, nun zur Ruhe zu kommen und mit der Geschichte von Maria und Elisabeth auf Weihnachten zuzugehen.
Sie haben Wunder erlebt und ihr Leben neu in deinem Licht erfahren.

Öffne auch uns den Blick für die Weihnachtswunder, die du an uns tun willst.
All das erbitten wir im Namen Jesu, unseres Bruders und Erlösers.
Amen.

Lesungen: Jes 62,1–5; Phil 4,4–7

Fürbitten
Gott, Anfang und Ende,
dir hat sich Maria mit ihrem ganzen Leben anvertraut.
In dieser Zuversicht treten auch wir vor dich und sprechen vor dir aus, was uns heute bewegt.

Du hast Großes und Wunderbares an Maria getan und dich als Erlöser Israels gezeigt:
Lass es Weihnachten werden für alle, die ein Kind bekommen und für jene, die sich nach einem Kind sehnen.

Du vollbringst mit deinem Arm machtvolle Taten:
Lass es Weihnachten werden für die Hilflosen und Ohnmächtigen und schenke ihnen deine Stärke.

Du zerstreust, die im Herzen voll Hochmut sind:
Lass es Weihnachten werden für die, die sich hinter Wichtigtuerei verstecken und gib ihnen die Gelassenheit eines glaubenden Herzens.

Du stürzt die Mächtigen vom Thron und erhöhst die Niedrigen:
Lass es Weihnachten werden für die, die klein von ihrem Leben denken und schenke ihnen den Mut, sich einzubringen mit ihren Ideen.

Du beschenkst die Hungernden und lässt die Reichen leer ausgehen:
Lass es Weihnachten werden für die, die sich immer nur knapp über Wasser halten können und stecke die, die viel haben, mit der Freude am Teilen an.

In der Stille bringen wir vor dich, was uns ganz persönlich bewegt ...
– *Stille* –

Deine Liebe ist der Grund unserer Freude.
In dieser Liebe zu bleiben, das ist unsere Sehnsucht, heute, morgen
und allezeit.
Amen.

Lieder: Im Advent bin ich immer fürs Singen bis an die Grenze des
Übermaßes, deswegen auch hier nur die Liste der alten und neuen Lie-
der, die besonders gut zum Thema passen:
EG 17 Wir sagen euch an den lieben Advent; EG 18 Seht, die gute Zeit
ist nah; EG 13 Tochter Zion; EG 21 Seht auf und erhebt eure Häupter;
EG (Pfalz) 544 Sieh, dein König kommt zu dir; Neue Lieder plus 182,
Mit dir, Maria, singen wir; Neue Lieder plus 38 Es wird nicht immer
dunkel sein

Vorschlag zur Predigt

Möglicher Anfang
Liebe Gemeinde!
Sicherlich haben Sie diese Episode der Weihnachtsgeschichte schon
genauso oft gehört wie ich:
Nach der Botschaft, dass sie die Mutter des Messias sein wird, macht
Maria sich als erstes auf zu ihrer Cousine Elisabeth. Sie fallen sich um
den Hals, Elisabeth voller Freude, das Kind in ihrem Bauch in Aufre-
gung und dann sagt oder singt Maria diese Worte, die für meine Ohren
wie ein Psalm aus dem Alten Testament klingen.
Alles so bekannt und überwältigend.
Und doch eine Geschichte, die auch zum Fragen und Nachdenken
anregt:
Warum z. B. erzählt uns Lukas etwas anderes über Weihnachten als
Matthäus?
Wieso z. B. wird nirgendwo im Neuen Testament außer hier bei Lukas
erwähnt, dass Elisabeth, die Mutter des Täufers und Maria, die Mutter
Jesu, verwandt waren?

Heute möchte ich mit Ihnen mal vom wohlbekannten Abnicken der
Weihnachtsgeschichte einen Schritt zurücktreten und den ins Visier
nehmen, der uns das alles überliefert hat.

Wenn er uns jetzt Auskunft geben könnte, Lukas, der Evangelist, was würde er sagen? Auf die Frage, warum er eine andere Weihnachtsgeschichte erzählt als Matthäus, würde er vielleicht antworten: »Ach, weiß du, mir sind diese Familienbäume nicht so wichtig wie meinem Kollegen Matthäus. Ich glaube ja, dass das Evangelium immer durch einfache Menschen in die Welt kommt. Deswegen bin ich ja in meinem Evangelium immer an den Menschen interessiert. Deswegen geh ich auch ganz nah an die Menschen ran, versuche herauszustellen, was sie fühlen, wie sie reagieren, wann bei ihnen der Groschen fällt. Und eine Mutter, die ist ja für uns alle ganz wichtig. Und bei Jesus natürlich besonders. Wer sie war, dass sie, obwohl sie so jung war, einen starken Glauben hatte und diese große Aufgabe, die Mutter des Messias zu werden, einfach übernommen hat.

Zum weiteren Verlauf

In diesem Frage-Antwort-Spiel, das auch durchaus frech und lustig daherkommen kann, würde ich weitermachen:

Waren Maria und Elisabeth eigentlich wirklich verwandt?
Antwort Lukas: Ich hab's zwar so gehört und auch so aufgeschrieben, aber ich wollte die Verwandtschaft auch noch ein bisschen symbolischer deuten. Weißt du, Elisabeth ist ja die Frau eines Priesters. Ihre Familie ist ganz eng verbunden mit dem Tempel, dem alten jüdischen Glauben. Auch ihr Sohn Johannes, der am Jordan taufen wird, wird sich in dieser Tradition sehen. In Maria, jung und unscheinbar, eine unter vielen würdet ihr heute sagen, wird dann das Neue, unser Messias zur Welt kommen. Ich wollte mit der Weihnachtsgeschichte immer klarstellen, dass wir da nicht wählen müssen zwischen dem alten und dem neuen Glauben, dass beide zusammengehören, nah verwandt sind, wie Elisabeth und Maria ...

Im weiteren Gang würde ich den Fokus dann darauf richten, dass Lukas den beiden Frauen eine erstaunliche spirituelle Macht einräumt. »Mein Lukas« würde darauf hinweisen, dass die alten Schriften Israels voll sind mit solchen starken Glaubensfrauen: Miriam, die Schwester des Moses; Deborah, Richterin und Prophetin; Hanna, die Mutter des Propheten Samuel, die genauso einen Psalm wie Maria anstimmt.

Der Psalm der Maria, das wilde, leidenschaftliche Magnifikat, wäre dann als nächstes dran. »Mein Lukas« würde erzählen, dass in Maria die Stimmen Israels, die Worte der Psalmen und der Propheten zu finden sind, die daran erinnern, wie oft Gott in die Geschichte Israels eingegriffen hat. Gottes Stärke, Gottes Liebe zu den Armen, die Leid und Unglück erfahren und sich nach Gott sehnen, Gottes Zorn gegen die Ungerechten und Mächtigen, all das ist im Magnifikat zu finden. »Mein Lukas« würde mit einem Seitenhieb auf unsere Weihnachtsromantik erklären, dass das kleine Kind in der Krippe, bei dem wir so gerne dahinschmelzen, und der Gott, der den Dornbusch für Mose brennen lässt und das Meer teilt für die Sklaven, die aus Ägypten fliehen, ein und derselbe sind.

Möglicher Schluss

Lieber Evangelist Lukas, du beschwerst dich über unsere Weihnachtsromantik, dabei bist du einer von den beiden Evangelisten, denen wir diese Weihnachtsgeschichten verdanken.

Das hättest du dir doch denken können, dass das von allen ausgeschlachtet wird, in Büchern, in Filmen, in Liedern. Wenn du soviel Wert legst auf den gewaltigen Gott, der mit seinem Arm alles zerschlägt und die Mächtigen abserviert, warum setzt du dann so auf dieses Bild vom Neugeborenen in einem armseligen Stall?

Lukas würde vermutlich antworten: Genau deswegen. Stell dir doch mal vor, du würdest Gott in Bethlehem begegnen in all dieser Allgewalt, unfassbar, größer als das Universum. Würdest du Gott näherkommen wollen oder gar die Hand ausstrecken?

Deswegen Jesus als armes Baby in der Krippe, die sanfte Maria, die schüchternen Hirten ...

Alles ganz normale, einfache, arme Leute.

Und dann stell dir das Baby im Stall wirklich vor. Ich kenne die Menschen und garantiere dir, wenn du an der Krippe gestanden hättest, dann hättest du dich auch ganz schnell nach vorne gedrängt, hättest die Hand ausgestreckt, das Baby angefasst, Maria angelächelt, Joseph vielleicht sogar einen Schnaps angeboten nach der heftigen Nacht.

Darum geht's mir doch in meiner Weihnachtsgeschichte:

Dass wir alle, wir ängstlichen und misstrauischen, wir gebeutelten und einsamen Menschen – ich, du, wir alle hier – die Angst vor Gott verlieren, dass wir uns trauen, zur Krippe zu gehen. Und wenn wir dann an der Krippe stehen, dann sehen wir das Baby. Wir verlieren ganz schnell unsere Angst und können dann ganz einfach Jesus, Baby und Heiland, in unsere Herzen lassen.

Liebe Gemeinde, wenn er uns jetzt soviel Auskunft gegeben hätte, der Evangelist Lukas, dann würde er wahrscheinlich an dem Punkt sagen: Genug gefragt, mehr wirst du nicht aus mir rauskriegen. Geh jetzt Weihnachten feiern.

Und deswegen sage ich mit Blick auf Heiligabend: Amen, so sei es!

Kontexte und Tipps zum Text

Susanne Niemeyer: Als Gott eine Frau fand, in: Jesus klingelt, Kreuzverlag, 7–10.

Wie immer nimmt Susanne Niemeyer alles aufs Korn, was an Weihnachtskitsch über und um Maria herum in uns zu finden ist. Und die Antwort ist nicht 42, sondern mittelmäßig und damit perfekt.

Christvesper
Jes 9,1–6

Mathis Burfien

Erste Begegnung mit dem Text

»Der Krach war ohrenbetäubend!« Kurz nach Schichtbeginn stürzen
zwei Stollen ein. 33 »Mineros« sind eingeschlossen in einer chileni-
schen Gold- und Kupfermine. Fast 700 Meter tief verschüttet. So tief.
Den wenigen Grubenlampen geht die Energie aus. Totale Finsternis.
Nach 10 Tagen Ungewissheit werden sie geortet. Ein Bohrer spürte
keinen Widerstand mehr. Eine Sonde wird heruntergelassen. Zurück
kommt ein Zettel mit einer Nachricht: »Es geht uns gut im Schutz-
raum, allen 33.« Die Welt bangt. Wie lange wird es dauern, bis der Rettungsschacht steht? »Weihnachten!«, meinten die Experten. Das war
im August. »Campamento Esperanza« heißt das Lager, das nun ober-
halb des Stollens aufgebaut wird. Hoffnungscampus. Nach 69 Tagen
sind die Kameras auf Manuel Gonzales gerichtet. Gonzales steigt in die
enge Rettungskapsel. Er ist der Erste, der den Rettungsschacht testen
soll. Hinab in die Tiefe. Runter ins Dunkle, wo die Luft knapp wird. Wie
eine freiwillige Testfahrt in die Hölle. Es muss einer von oben kommen,
der Licht bringt in die Dunkelheit: »Es ist geschafft. Ihr seid gerettet!«
Und als sie, einer nach dem anderen, das Tageslicht erblickten, wussten
sie nicht, ob sie lachen oder weinen sollten vor Freude. Weihnachten.
Gott kommt.

Exegetische Skizze

33 Männer, Bolivianer, Chilenen. Manche kurz vor dem Ruhestand.
Einer hatte erst vor vier Wochen mit seiner Arbeit als Bergmann begon-
nen. In einem waren sie sich alle gleich, als der Stollen einstürzte und
die Dunkelheit über sie hereinbrach: Sie konnten nichts zu ihrer Rettung tun. Die Perikope in Jes 9,1–6 von der Verheißung des Friede-

fürsten ist ein Rettungstext. Seine frühe Wertschätzung in christlicher Traditionsgeschichte erfuhr dieser Text besonders aufgrund seiner messianischen Weissagungen, »die mannigfaltig vom Neuen Testament aufgegriffen und auf Jesus Christus als ihre Erfüllung übertragen wurden« (Franz Josef Helfmeyer u. a., Licht der Völker. Das Buch Jesaja, in: Bibelauslegung für die Praxis 11, Stuttgart 1978, 9).

In der Christvesper einen alttestamentlichen Text zu predigen ist gleichzeitig eine besondere Herausforderung. Denn der oder die Prediger:in kann eigentlich nicht umhin, die Textaussagen – wenn auch behutsam – in einen christologischen Kontext zu stellen. Das geschieht in dem Wissen, das Gerhard von Rad treffend zusammenfasst: »Jede prophetische Botschaft war [...] streng an die geschichtliche Stunde gebunden, in der sie erging, und keine lässt sich nach dieser ihrer Stunde genau in ihrem ursprünglichen Sinne wiederholen« (Gerhard von Rad, Theologie des Alten Testaments, Bd. 2, München 1962, 313). Gleichzeitig blieben die Überlieferungen der Propheten ein stetiger lebendiger Organismus, wie schon die Weiterarbeiten unterschiedlicher redaktioneller Bearbeitungen auch an Jes 9,1–6 zeigen. Textgehalte entwickelten so im Laufe ihrer Fortschreibung und ihres Hörens viele Wahrheiten. Das wiederum bedeutet nicht, dass eine davon unwahr gewesen wäre. Und so bildet der Text bis heute auch eine christliche Verstehensfolie, um Gottes Kommen in die Welt und seine Geburt in einem Kind begreifbar zu machen. Darin liegt eine seiner Schönheiten. Gehen wir sorgsam damit um.

Der Kontext der Perikope verortet die jesajanische Verheißung zeitgeschichtlich in die Wirren des syrisch-efraimitischen Krieges (736–735 v. Chr.) Eine politisch bewegte Zeit, in der assyrische Könige versuchten, die syrisch-palästinischen Staaten zu erobern. Eine Zeit des Krieges. Es ging um politische Bündnisfragen und um Fragen des Überlebens als Staat, als Volk, als Familie, als Mensch.

1 *Das Volk, das im Finstern wandelt, sieht ein großes Licht* ... Nach der Ankündigung des Gerichts im vorhergehenden Kapitel folgt nun die Ankündigung des Neuen. Die Bildsprache beginnt im Dunklen, Angstmachenden, bei der Furcht vor den Mächten, die uns in der Finsternis auflauern könnten. Für die Kriegsbedrohten im 8. Jh. v. Chr. sind das: Tötung, Hunger, Verschleppung und Versklavung, Vergewaltigung, Flucht, Auslöschung der Familie. Was ist das für uns Heutige? Könnte sein, so weit sind wir gar nicht weg von den Sorgen dieser Welt? Alles,

was wir in diesem Kontext über Licht inmitten von Finsternis in der Bibel lesen, hat einen hintergründigen Sinn. Es ist eines der Ursymbole der Menschheit. Das erste Wort, das Gott gesprochen haben soll: »Es werde Licht!« (1 Mose 1,3) Und wir können es nur in der Gänze begreifen, wenn wir versuchen, es vor dem Verstehenshorizont zu deuten, in dem diese Worte aufgeschrieben wurden. Licht hat in unserem durchleuchteten Alltag kaum Wertschätzung. Es ist überall zu jeder Zeit verfügbar und oft beklagen wir ein Zuviel. Aber diese Welt gibt es in der Menschheitsgeschichte noch nicht lange. Am 27. Januar 1880 wurde von Edison das Patent für seine Entwicklung einer elektrischen Glühbirne angemeldet. [27. Januar: Der spätere Jahrestag der Befreiung von Auschwitz und Gedenktag an die Opfer des Nationalsozialismus.] Bis dahin gab es jahrtausendelang im Grunde nur drei Lichtquellen für den Menschen: die Sonne und die Sterne sowie das Feuer. Buntes Licht gab es nicht, nur durch die Lichtbrechung von Edelsteinen oder später durch Glasfärbung. Licht ist nichts Banales. Es strahlt, wärmt, erhellt. Licht klärt auf, durchleuchtet, tröstet, macht schön, weckt neuen Mut. Das, was vorher war, Angst und Dunkelheit, haben keine Macht mehr. 2 *Du weckst lauten Jubel* ... Ich erinnere mich an ein Weihnachtsfest. Meine Eltern hatten nicht viel Geld. Große Geschenke waren nicht möglich. Aber an diesem Weihnachtsfest stand ein nagelneues Rennrad unter dem Weihnachtsbaum. Sagen konnte ich nichts. Ich bin meinen Eltern um den Hals gefallen. Und Tränen liefen meine Wangen runter vor Freude. Erinnern Sie sich an einen Tag, an dem Sie vor Freude geweint haben? Vielleicht bei einem Wiedersehen nach langer Zeit? Beim überraschenden Heiratsantrag? Oder als Ihnen oder Ihrer Frau gesagt wurde, dass sie schwanger ist? Der Text will das größtmögliche »O du fröhliche« zum Ausdruck bringen. Der Jubel wird verglichen mit konkreten Freuden. *Die Erntefreude*: Wessen Zukunft davon abhing, ob der Ertrag und die Mühen wie Boden Bereiten, Pflanzen oder Beten für den Regen Erfolg hatten, der verstand das. Für den antiken Menschen sicherlich eine der elementarsten Freuden. *Das Beuteverteilen*: Darin schwingt auch die Freude mit, nicht selbst zu den Kriegsverlierern zu gehören und womöglich ansehen zu müssen, wie mir alles, was ich habe und manchmal auch bin, genommen wird. Diese beispielhaften Freuden benennen den Überfluss. Die Botschaft des Weihnachtsengels: »Siehe, ich verkündige euch große Freude ...« Das Allerschönste! So dass man raus auf die Straße will, Autokorso und hupen und seine

Freude hinausschreien, Weltmeister sein oder noch viel größer: endlich Frieden!

3 *Denn du hast ihr drückendes Joch [...] wie am Tage Midians zerbrochen.* Gottes Macht ist eine grundsätzlich andere Macht als menschliche Macht und als ein Missbrauch derselben. Menschen werden beherrscht und beherrschen einander mit allen möglichen Mächten und Gewalten: von der Zerstörungsmacht von Waffen und autokratischen Herrschern und Missbrauch von Macht. So fühlt sich das Joch vieler an. Was noch? Es gibt die Macht des Geldes oder die Macht von sozialen Medien. Die Macht des Todes. Die Macht der Mehrheit über die Minderheit. Die Macht beschämender Dummheit von nationalistischem Schubladendenken. Denken wir an die Opfer von sexualisierter Gewalt. Oder an die Macht von Angst und Verzagtheit und Schweigen. Gottes Macht ist nicht in diesen Kategorien zu denken. Die sprichwörtliche Erwähnung des Tages Midians in diesem Kontext zeigt die Richtung an: Der Tag Midians (vgl. Ri 7) bezieht sich auf einen Sieg über eine mächtige Überzahl der Feinde des Volkes Gottes, der durch Gottes Kraft, letztlich ohne militärische Mittel herbeigeführt wird. Gottes Macht zielt auf das Errichten einer Friedenszeit. Es ist ein Kampf, den Gott kämpft. Er hat alles in seinen Händen. Seine Macht ist die der Liebe, des Rechts und der Gerechtigkeit und des verheißenen Friedens. Sie zerbricht alles, was wir in unseren Kategorien schmerzlich als Ohn(e)macht empfinden müssen.

4 *Denn jeder Stiefel, der mit Gedröhn dahergeht, [...] wird verbrannt.* Militärische Stiefel und Mantel stehen hier als pars pro toto für alles Kriegsgerät, für all das, was aus Menschen Soldaten macht. Die Symbole von Gewalt und Krieg werden endlich vernichtet. Keine hundert Milliarden mehr für neue Waffen und militärische Ausrüstung. All das, »worauf man in der Gegenwart alle Hoffnung [setzt], starke Truppen, [...] mächtige Bundesgenossen, spielt keine Rolle mehr«. (Walter Eichrodt, Der Heilige in Israel. Jesaja 1–12, in: Die Botschaft des Alten Testaments, Bd. 17,1, Stuttgart 1960, 110) Es klingt fast zu schön. Inmitten der ausweglosen Situation des Gottesvolkes, inmitten von Finsternis und niederdrückender Macht kündigt der Prophet Jesaja einen grundsätzlichen Zeitenwechsel an.

5 *Denn uns ist ein Kind geboren [...] und die Herrschaft liegt auf seiner Schulter ...* Nach den menschlichen Insignien von Gewalt und Macht kommt nun ein Kind, das geboren wird und die große Weltwende bringt.

Wie bitte? Es ist ja nicht die Kategorie, die man erwartet hätte? Aber ein neugeborenes Kind bringt etwas hervor, was es vorher noch nie gegeben hat. Es ist Potential. Alles ist möglich. Mit einem Kind fängt ein neues Leben und damit eine ganze neue Welt an. Ohne dich wäre es anders! Das ist das Wunder jeder Geburt. Die Stärke dieser prophetischen Ankündigung liegt darin, dass die Geburt eines Kindes einen realen Grund hat. Dass ein Kind geboren wird, reduziert die Verheißung nicht auf eine bloße Symbolsprache. Ein Kind aus Fleisch und Blut, zum Anfassen, zum Staunen, zum Niederknien, das ist das Einbrechen der neuen Gotteswirklichkeit in Zeit und Raum und in die Bedingungen der Existenz hinein. Hier wird sich zeigen, ob die Verheißung wahr ist – oder nur aus leeren Worten bestand? Die frühchristlichen Gemeinden haben diese Aussagen des Kindes als messianische Gestalt auf Christus bezogen und in seiner Geburt die Erfüllung des prophetischen Wortes erkannt. Das Kind wurde zu demjenigen, über den sie später sagen sollten, er sei das Licht der Welt. Der die Beladenen zu sich rief, um ihr Joch und schließlich das Kreuz auf seine Schultern zu nehmen.

Vier grammatikalisch nur schwer zu deutende Wortpaare beschreiben, was von diesem Kind zu erwarten ist. Gleichzeitig können diese Namen eigentlich nur Gott meinen und verdeutlichen, wie Gott durch sein Handeln auftreten wird: WUNDER-RAT: Der Begriff für »Rat« ist im Hebräischen mit »Planen« identisch. Gott, lass mich im Plan deiner wunderbaren Taten sein! GOTT-HELD: bezieht sich auf die Macht und Souveränität Gottes. Ein Superheld. Wie in den Marvel-Comics, nur größer. EWIG-VATER: charakterisiert die Fürsorge für sein Volk. Gott wie Vater und Mutter, die nie aufhören, mich lieb zu haben. Aus der Kindschaft Gottes fällt man nicht heraus. FRIEDE-FÜRST: שָׁלוֹם (Schalom = Friede, Gesundheit, Glück, Unversehrtheit, Heil u. a.) – der Beauftragte, der für das umfassende Heil des Menschen verantwortlich ist.

Die Namen erheben keinen vollumfassenden Anspruch. Sie sind erweiterbar. Aber es sind Namen, die helfen, Gott zu verstehen. Namen wie Gebete. Hoffnungsgeflüster ...

6 ... *auf dass seine Herrschaft groß werde und des Friedens kein Ende* ... Das ganze Geschehen wird futurisiert. Ein Friede ohne Ende wird sein. Schließen Sie einmal die Augen und lassen Sie die Vorstellung an sich ran. Wie schön das wäre? Die Sorgenfalten auf der Stirn verschwinden.

Die Mundwinkel gehen nach oben. Der Sieg ist der Friede und nicht bloß ein militärischer Sieg, wie es noch mit dem Tag Midians anklingt. Es sind Sehnsuchtsbegriffe. Nicht für diese Welt. Mehr für das Reich Gottes. Es zeigt, wie es sein wird, aber durch Menschenhand niemals erreicht werden könnte. Mit leidenschaftlichem »Eifer« (hebr. קִנְאָה qin'āh) wird Gott durch die messianische Rettergestalt Frieden und Heil bringen. Seine Wut steckt auch in diesem Eifer. Gottes Wut darüber, was menschliche Macht mit denen macht, die seine Liebsten sind? Es ist Gottes Leidenschaft für dich.

Weg zur Predigt

In unseren lichtdurchfluteten Städten ist der Himmel in der Nacht kaum zu sehen. Wir lenken uns ab. Unsere Lampen und die Scheinwerfer der Karussells und Weihnachtsmärkte sind zu grell. Wie soll ich da die Sterne sehen? Ein Bild auch für unser Inneres. Die Seelen sind zu voll. Zu abgelenkt. Zu beladen. Zu geknickt. Wie soll ich da meinen Kopf und mein Herz noch Richtung Gott heben? Dann spüre ich, wie mir mein Glaube zu einem Rinnsal wird. So klein nur. So wenig. Er hat es oft nicht leicht. Stellen wir uns vor, einer nähme beim Rausgehen nach der Christvesper aus der Kirche eine Kerze in die Hand? Schon unter der Tür, während die Glocken noch läuten, droht die Kerze auszugehen. Der Wind bläst sie schon aus. Wie soll man seinen Glauben, seine Hoffnung durchhalten, draußen, wo der Wind kalt weht? Was kann ein wenig weiterleuchten auf unserem Weg nach Hause?
Ein Kind kommt zur Welt. Christus wird geboren. In eine Welt, in der Angst mit all ihren Schattierungen Teil der Existenz ist. Jeder kennt seine eigene Finsternis. Christus wird sich zuletzt nicht selbst daraus befreien. Gott, Ewig-Vater und Immer-da-Mutter, wird es tun, der sein Gebet erhört. Die Predigt dieser Christvesper ist unverbrüchliche Zusage. Gottes Liebe zu uns wird gegen alle Mächte der Zerstörung und der Finsternis siegen. Das ist sein Zuspruch, der nicht verhandelbar ist. Ganz zum Schluss werden wir Gerettete sein.

Predigtthema

Predigt und Gestaltung des Gottesdienstes rühren an das Geheimnis
Gottes an. Gott wird Kind. Mit den Augen eines Kindes blickt Gott in
die Welt. Auch ins Dunkle. Aber er bringt eine Verheißung mit sich.

Vorschläge zur Liturgie

Gebet
Gott,
mein Wunderrat,
du Ewigvater und Mutter,
du hast in Christus dein Licht aufgehen lassen
über aller Dunkelheit in der Welt.
Lass unser Leben erstrahlen im Licht seiner Herrlichkeit.
Gib, dass auch andere das Licht erkennen,
das mit deinem Sohn in die Welt gekommen ist.
Komme zu uns, Friedefürst.
Verlass uns nicht, Gottheld.
Schenke uns deine Nähe heute und in Ewigkeit.
Das bitten wir durch Jesus Christus, unsern Herrn.
Amen.

Fürbitten
Jesus Christus,
mein inneres Licht,
lass nicht zu,
dass meine Dunkelheiten zu mir sprechen.
Du bist das Licht,
dass in der Finsternis leuchtet.
Wir bitten dich: Komm!
Komm, mach hell, was dunkel vor uns liegt.

Die einzelnen Fürbitten nehmen die Finsternis der Welt in den Blick.
Eine Kerze wird mit jeder Fürbitte entzündet. Eine Stille am Ende gibt
Raum für das Nicht-Genannte.

Schluss:
Entzünde in uns das Licht deiner Liebe.

Am Ende der Fürbitten antwortet die Gemeinde mit dem Lied »Jésus le Christ« (Jacques Berthier, Ateliers et Presses de Taizé.)

Lieder: Gotteslob 95 Du Licht vom Lichte (T: Bernardin Schellenberger; M: André Gouzes); EG 37 Ich steh an deiner Krippen hier; EG 40 Dies ist die Nacht, da mir erschienen; EG 44 O du fröhliche; EG 56 Weil Gott in tiefster Nacht erschienen; Du tust (freiTöne 89, Liederbuch zum Reformationssommer 2017)

Gibt es eine Kantorei in der Kirchengemeinde? Phos hilaron (altgriechisch »Heiteres Licht«) ist ein frühchristlicher Christushymnus, der bereits seit dem 2. Jahrhundert bezeugt ist und seinen Ort in der traditionellen Vesperliturgie hat. Das Christuslob rührt an das Geheimnisvolle dieser Heiligen Nacht: »Heiteres Licht vom herrlichen Glanze ...«

Vorschlag zur Predigt

Möglicher Anfang
Als Gott ein Kind war, da schaute er gerne in den Sternenhimmel. Er mochte die Stille. Und das sanfte Licht, das die Sterne auf die Erde warfen. Sterndiamanten am schwarz-violetten Samt des Firmaments. Funkelndes Tanzen abertausender Lichter. Er wusste sich im Licht. Die Himmel erzählen die Ehre Gottes ... Gott wusste auch, wie Astronomen aus dem fernen Babylon die Sterne versuchten zu lesen. Als er geboren wurde, so erzählte man sich, sollen sich Marduk (Jupiter), der Königsstern, und Kewan (Saturn), der Stern des Volkes Israel, im Sternbild der Fische begegnet sein. Gott hob die Achseln und ließ sie wieder sinken. Den Sternenhimmel sehen, der so still ist. Auf der Erde stehen, die so hart ist. Es ist die Natur des Horizonts, dass man ihn niemals überschreitet. Was verbarg sich noch alles hinter diesem Sternenzelt? »Vater?« Hinter ihm in einem Ölbaum fing ein Vogel an zu singen. Mitten in der Nacht. Gott schloss die Augen ...

Zum weiteren Verlauf

1. Impuls

Als Gott ein Kind war, liebte er es auch, in der Nacht am Strand zu
sein. Besonders schön war es in den warmen Vollmondnächten. Denn
manchmal passierte es, wenn er an der richtigen Stelle war, dass sich
der Sand anfing zu bewegen. Er legte sich dann auf den Bauch und
schaute genau hin. Eine kleine Schildkröte buddelte sich mit ihren kleinen Schaufeln aus dem Sand. Wenn junge Karettschildkröten geboren werden, müssen sie vom Strand ins Meer. Orientierung gibt ihnen
dabei das Licht des Vollmondes. Seit Millionen von Jahren ist das ihr
Weg. Jetzt im 21. Jahrhundert verlaufen sie sich dabei allerdings immer
häufiger. Die grellen Reklameschilder der Geschäfte auf der anderen
Seite des Strandes strahlen heller. Die Karettschildkröten wandern in
die falsche Richtung und werden dort von Autos überrollt oder landen
in der Kanalisation. 80 % der Population dieser Art sterben inzwischen
in Teilen der Welt, ohne einen Tag alt geworden zu sein. Was gibt uns
im 21. Jahrhundert Orientierung? Welchem Licht folgen wir? Es ist
schwerer geworden ...

2. Impuls

Als Gott ein Kind war, konnte er es überhaupt nicht leiden, wenn Menschen ausgegrenzt wurden. Er wurde wütend, wenn sich jemand lustig machte über einen anderen. Wenn die einen so taten, als würden
andere nicht dazu gehören.

Christian Streich war viele Jahre Bundesligatrainer in Freiburg. Er sagt
zum Erstarken der AfD und rechter Stimmungsmache in der bundes-
republikanischen Gesellschaft: »Wer jetzt nicht aufsteht, der hat nichts
verstanden. Das ist außer jeglicher Frage. Es ist fünf Minuten vor zwölf.
[...] Wer jetzt nichts verstanden hat, der versteht nichts. [...] Seit 58 Jahren lebe ich in der Demokratie als freier Mensch. Das ist ein unglaub-
liches Glück. Es gibt ganz wenige 58-Jährige, wo das erleben durften.
Ich bin unendlich dankbar. Aber wenn du siehst, was jetzt passiert. [...]
Aufsteh'n! Unmissverständlich. Ganz klare Kante. Nichts anderes.«
[https://youtu.be/23dEAwpMwco?si=gWzUcZ5ldL63icK6]

3. Impuls

Als Gott ein Kind war, liebte er es, wenn es schneite. Dann lachte er,
breitete die Arme aus und drehte sich im Kreis. Einen Schneeengel

kannte man damals noch nicht. Aber er hätte es geliebt. Auch in Israel schneit es immer mal. Auf dem 2.814 m hohen Bergmassiv Hermon im heutigen Grenzbereich zwischen Libanon, Israel und Syrien liegt bis in das Frühjahr hinein Schnee. Wenn Schneeflocken schwer genug sind, beginnen sie zu fallen. Eine einzelne Schneeflocke wiegt etwa vier Tausendstel Gramm. Kaum mehr als nichts. Trotzdem gibt es diesen einen Punkt zwischen der einen Schneeflocke und der nächsten. Der Schatten eines Gewichtes, ein Hauch nur – und der schneebeladene Ast bricht. Glaub doch nicht, auf dich käme es nicht an in dieser Welt ...

4. Impuls
Als Gott ein Kind wurde, da wickelte seine Mutter ihn in Windeln und legte ihn in eine Krippe. Jesus Christus: 2780 Gramm, 46 cm, Geburtsort: Bethlehem. Weihnachten ist die Entdeckung: Gott kommt als Kind zu uns Menschen und zeigt uns eine andere Macht! Nicht eine, die beherrscht und unterdrückt und klein macht, sondern die annimmt und schützt und an sich bindet. Eine Macht, die will, dass wir einander mit dem Herzen messen und wiegen. In dieser Geschichte am ersten Weihnachtstag lächelt Gott uns an – und das können Menschen nicht vergessen, so wenig wie das Lächeln eines Kindes.

Möglicher Schluss
Als Gott ein Kind wurde, lernte er die Welt noch einmal mit neuen Augen sehen. Er hatte es ja alles geschaffen. Seiner Hände Werk ... Jetzt spürte er noch einmal die Schönheit. Aber er spürte auch, wie die Traurigkeit hochkroch. Wie es ihm den Hals zuschnürte über all das, wo diese Schönheit gebrochen wurde.
Als Gott erwachsen wurde, spürte er den Schmerz in seinen Handflächen. Dicke eiserne Nägel wurden mit harten Schlägen durch seine Handflächen getrieben. Die Welt um ihn verschwamm. Zuletzt verfinsterte sich die Sonne. Und was passiert, wenn die Sonne nicht mehr scheint? Wenn es dunkel wird, dann sieht man die Sterne! Wenn Jesus am Kreuz sein Haupt noch heben konnte, dann sah er die Sterne, die er gemacht hatte. Und vielleicht sah er sie, nachdem er seine Frage hinausschrie: »Mein Gott, mein Gott, warum hast du mich verlassen?« Helle leuchtende Punkte vor einer dunklen Folie. Und er sah die Sterne und wusste, er ist immer noch gesehen. Immer noch angesehen, mitgelitten, erkannt, nicht allein in aller Not und Sorge ... Etwas Größeres

ist ihm und uns verheißen! Das ist Weihnachten. Ein Licht, das nie mehr aufhören wird, uns zu leuchten.

Amen.

Gestaltungsidee

Eine Lichtinstallation gestaltet den dunklen Gottesdienstraum: Ein Sternenhimmel kann an die Kirchendecke projiziert werden – oder die Worte mit den Gottesnamen aus Jes 9 im Dunkeln an die Wände: Gottheld, Wunderrat, Ewigvater, Friedefürst – was gibt es noch? Dir fällt schon was ein!

Symbole, Aktionen

Mitmachen am Heilgenabend? Die vollen Kirchen zur Christvesper bieten dafür wenig Spielraum. Eine Möglichkeit bietet sich mit »Brot für die Welt«. Es ist die Mitmachaktion der Weihnachtszeit. Jede Einzelne und jeder Einzelne wird gebraucht. Wie wäre es einmal, noch nicht mit der Münze oder dem Schein fertig sein, die in den Opferstock gesteckt werden? Stattdessen: Eine Freude wie zur Erntezeit den Menschen bringen, die es zum Überleben notwendig haben? Damit wir nicht nur schweigen müssen, wenn der Schöpfer dich fragt: Welches Leben hast du gerettet? Es gibt Patenschaften für ein Huhn oder für eine Ziege, für Esel oder Obstbäume – Worldvision, Oxfam bieten das an. Bei Brot für die Welt gibt es Stipendien oder Ernährungspatenschaften. Ein Stand am Ausgang informiert über die Möglichkeiten. Geben wir mehr. Nicht weil wir so viel hätten, aber weil es andere dringender brauchen als wir.

Christnacht
1 Tim 3,16

Anne Henning

Erste Begegnung mit dem Text

Die Christnacht ist wie die anderen Gottesdienste am Heiligen Abend ein besonderer Kasus. Doch während der Nachmittagsgottesdienst oft mit einem Krippenspiel oder einem Chorauftritt lebhaft ist, wird der Gottesdienst in der Christnacht in vielen Gemeinden ruhiger, besinnlicher, manchmal sogar meditativ gefeiert. Häufig besuchen ihn neben der Kerngemeinde auch Menschen, die sonst selten oder gar nicht in den Gottesdienst gehen. Das fordert von der predigenden Person eine besondere Sensibilität für die unterschiedlichen Zielgruppen. Zugleich gilt es, dem besonderen Anlass dieses Gottesdienstes gerecht zu werden. Für mich hat die Christnacht eine einzigartige Stimmung. Da ist das Gefühl, dass etwas Verheißungsvolles in der Luft liegt, so als wären in dieser Nacht Dinge möglich, die sonst unmöglich erscheinen. Vielleicht sind tatsächlich viele Menschen an diesem Abend offener als sonst für das Wesentliche im Leben. Die Hektik der Vorbereitungen und die Bescherung sind vorbei. Es darf still werden. Wir dürfen still werden und uns einlassen auf diesen besonderen Abend, auf uns selbst, auf die Botschaft Gottes.

Ich vermute, dass sich bei den meisten Menschen, die in den Kirchenbänken sitzen, zu der besonderen Stimmung dieser Nacht auch ihre eigenen Fragen, Gedanken und vielleicht Probleme oder Sorgen gesellen. Sie sind wahrscheinlich auch in der Christnacht als Hintergrundrauschen gegenwärtig. Vielleicht kann die Weihnachtsbotschaft die Besucherinnen und Besucher einen Moment zum Innehalten einladen, einen Perspektivwechsel schenken oder gar eine Hoffnung, die weiterträgt. Womöglich kann eine Melodie, ein Wort, ein Blick oder ein Lächeln etwas in Gang setzen, das der Seele die nächsten Schritte ebnet. Um dafür eine Atmosphäre zu schaffen, scheint es mir wichtig, behutsame Deutungsangebote der Weihnachtsbotschaft zu machen.

Der aus nur einem Vers bestehende Predigttext lobt Christus und erinnert an ein verdichtetes Glaubensbekenntnis. Das könnte für Menschen, die den Gottesdienst eher selten besuchen oder kirchlichen Traditionen sogar skeptisch gegenüberstehen, harte Kost sein.

Ich bleibe an der Hinleitung zu diesem bekenntnishaften Hymnus hängen: »Das Geheimnis unseres Glaubens ist groß.« Diesem Geheimnis nachzuspüren, passt für mich sowohl zur behutsamen Annäherung an den Rest des Verses als auch zum Wunder der Weihnacht. Denn alles, was mit Jesus Christus zu tun hat, ist mehr als das, was wir rational erfassen können. Es zeigt sich uns immer wieder und bleibt zugleich unverfügbar und in manchen Lebensphasen sogar verborgen.

Exegetische Skizze

1 Tim 3,16 ist Teil des Schlussabschnitts der gemeindebezogenen Anordnungen des Briefes. Nach der Paulusanamnese in den V. 14 und 15 leitet V. 16a über zur Christologie in V. 16b. Was dort folgt, wird in 16a als Geheimnis des Glaubens, wörtlich als Mysterium der Frömmigkeit, eingeführt. Als Frömmigkeit wird hier ein christusgemäßer Lebenswandel verstanden (vgl. Veit-Engelmann, 83) Er hat bereits Hinweischarakter auf das Christusgeschehen.

Die Form von 16b lässt darauf schließen, dass es sich um das Zitat eines gottesdienstlichen Christushymnus handelt. Er besteht aus sechs Zeilen, die wiederum drei zweizeilige Strophen bilden, die in einem Chiasmus (A-B-B-A-A-B) einander zugeordnet sind. In jeder Strophe werden je ein irdisches (A) und ein himmlisches (B) Geschehen einander zugeordnet. Außerdem fällt der holprige Übergang zwischen 16a und b auf. Da folgt auf »das Mysterium« (im Griechischen wie im Deutschen Neutrum) das männliche Relativpronomen »der wurde offenbart« (vgl. Roloff, 89–193). Möglicherweise ist 16b ein Stück lobpreisendes Bekenntnis aus dem Gottesdienst, das an dieser Stelle zitiert wird.

Jede Zeile enthält ein auf »ihn« bezogenes Verb im Passiv, was zu einem Gleichklang der Verbformen führt. Das Christusgeschehen verbindet in diesem Hymnus Himmel und Erde miteinander (vgl. Roloff, 195). Sprachlich wird das an den Substantivpaaren deutlich: Fleisch – Geist, Engel – Heiden, Welt – Herrlichkeit. Auffällig ist darüber hinaus, dass 16a das Folgende als Geheimnis des Glaubens einführt, das dann durch die Verben des Hymnus offenbar wird. Was früher verborgen war, ist jetzt offenkundig geworden (vgl. Roloff, 195 f.). Alle Welt hat Anteil am Christusgeschehen und reagiert darauf. Das einst Geheime wird im Hymnus offenbart, geschaut, verkündet und geglaubt. »Das Geheimnis ist also keine statische Größe, sondern ein dynamischer heilsgeschichtlicher Prozess« (Roloff, 202). Dieser Prozess wird von Gott selbst vorangetrieben. In der ersten Strophe des Hymnus werden Fleisch und Geist als irdische, vergängliche und himmlische, unvergängliche Sphäre einander gegenübergestellt. Dabei scheint die Rechtfertigung im Geist rückwirkend die Rechtmäßigkeit von Jesu irdischem Wirken zu beglaubigen (vgl. Veit-Engelmann, 85). In der zweiten Strophe wird Christus zuerst in der himmlischen Welt offenbar und darauf folgend in der irdischen Welt verkündet. Es ist eine neue heilsgeschichtliche Epoche der Herrschaft des erhöhten Christus angebrochen (vgl. Roloff, 208). Im ersten Teil der dritten Strophe antwortet der Glaube auf die Verkündigung der vorangegangenen Zeile aus der zweiten Strophe. Dabei werden die Gläubigen vollmundig mit der ganzen Welt gleichgesetzt. Stellvertretend für die gesamte Menschheit haben sie das heilgeschichtliche Geschehen des letzten Verses bereits anerkannt. Sie bekennen ihre Überzeugung, dass Gott Christus in den Bereich göttlicher Herrlichkeit und damit in seine Macht und Herrschaft hineingenommen hat (vgl. Roloff, 209, Veit-Engelmann, 85).

Literatur:
Roloff, Jürgen, Der erste Brief an Timotheus, Evangelisch-Katholischer Kommentar zum Neuen Testament, Band XV, Zürich (u. a.) 1988, 189–210
Veit-Engelmann, Michaela, Die Briefe an Timotheus und Titus, Die Botschaft des Neues Testaments, hrsg. von Walter Klaiber, Göttingen 2022, 80–86

Weg zur Predigt

Attraktiv erscheint mir die Idee, den Predigtteil so zu gestalten, dass den Besucherinnen und Besuchern Angebote gemacht werden, die sie für sich weiterdeuten können. Das könnte gedankliche und emotionale

Anschlüsse an Weihnachtsbotschaft und Predigttext für eine große Bandbreite unterschiedlicher Hörerinnen und Hörer ermöglichen. Auf diese Weise könnte das Geheimnis aus 1 Tim 3,16 für die eine oder den anderen offenbar werden. Methodisch erscheint es mir dafür hilfreich, die Predigt überwiegend narrativ zu gestalten, durch einzelne Lieder ähnlich den Zeilen des Christushymnus zu gliedern und dabei einen Weg zurückzulegen, der mit den Symbolen Fenster und Licht spielt. Denn erleuchtete Fenster im Dunkeln erzählen Geschichten. Sie können die eigene Phantasie beflügeln und Geheimnisse offenbaren. Zugleich ermöglicht jeder Blick durch ein Fenster den Anschluss an die eigene Situation. Darüber hinaus kann aufscheinen, dass wir mit unseren zum Teil ganz unterschiedlichen Geschichten doch miteinander verbunden sind als Menschen, die ihre Geschichte haben und die Licht und Liebe zum Leben brauchen. Auf diese Weise könnten die Geheimnisse hinter den Fenstern der Predigt Ermöglichungsräume werden, dem Geheimnis des eigenen Fragens und Glaubens ein Stück mehr auf die Spur zu kommen.

Predigtthema

Gottes geheimem Leuchten nachspüren

Vorschläge zur Liturgie

Lesung: ggf. Lk 2,1–20 (aber Länge des Gottesdienstes beachten)

Gebet
An diesem Abend, Gott,
leuchten unsere Kerzen und Lichter dir zu Ehren.
Du kommst uns nah,
menschlich,
verletzlich
und wunderbar.
Jesus Christus, heute feiern wir den Beginn deines Weges mit uns.
Seit deiner Geburt teilst du alle unsere Sorgen und Freuden.
Du bist ein Gott, der uns nahe ist,
erlebt hat, was wir erleben

und fühlt, was wir fühlen.
Unsere Kerzen brennen in Dankbarkeit für deine Gegenwart.
Deine Geisteskraft verleiht uns Stärke,
atmet in uns und bringt uns wieder und wieder zum Leuchten.
Unsere Lichter sind Sinnbilder deiner Energie,
die unser Leben stark macht.
Amen.

Lieder: Da die Predigt von Gemeindeliedern untergliedert ist (s. u.), sind hier nur Eingangs- und Schlusslied vorgeschlagen:
EG 24,1–2 Vom Himmel hoch; EG 44,1–3 O du fröhliche

Vorschlag zur Predigt

Möglicher Anfang

Seit ich ein Kind war, liebe ich es, in bewohnter Umgebung im Dunkeln spazieren zu gehen oder mit dem Zug oder dem Auto durch Städte und Dörfer zu fahren. Es ist die besondere Stimmung, wenn hinter den Fenstern Licht brennt, weil dort Menschen zu Hause sind. Jedes Licht erzählt eine Geschichte und birgt das Geheimnis eines einzigartigen Lebens. Ich finde es schön, mir ein paar dieser Geschichten vorzustellen und habe dabei immer ein wenig Kino im Kopf.

In der Advents- und Weihnachtszeit sind für mich die Spaziergänge im Dunkeln geheimnisvoll und voller Zauber. Als Weihnachtsdekorationen leuchten mehr Lichter als gewöhnlich. Bäume oder Sträucher sind festlich geschmückt und auf mancher Fensterbank erstrahlt der flackernde Schein einer Kerze. Auf diese Weise verbinden sich für mich die Geheimnisse der einzelnen Leben hinter den Fenstern mit dem großen Geheimnis Gottes. Und ich bin überzeugt davon, dass das bewusst oder unbewusst die Menschen auch untereinander verbindet.

In dieser Heiligen Nacht, hier in der Kirche, lade ich Sie ein, gedanklich mit mir einen Spaziergang zu machen und dabei gemeinsam in ein paar Fenster zu schauen, um eine Ahnung von dem Geheimnis zu bekommen, von dem im Predigtvers für den heutigen Abend die Rede ist. Denn Jesus Christus ist selbst ein Geheimnis, das leuchtend offenbar werden möchte:

Verlesen von 1 Tim 3,16

Zum weiteren Verlauf

Haben Sie es bemerkt? Beim Hören dieses Verses sind wir bereits an ein Fenster herangetreten. Es gehört zu einem größeren Wohnhaus. Wenn wir hindurchblicken, sehen wir Menschen in einer der frühen christlichen Gemeinden beim Gottesdienst. Wir können sie sogar sprechen hören. Sie sind begeistert von dem Mysterium, von dem ihnen vor Jahren christliche Missionare erzählt haben. Diese Männer haben sie von einer neuen Religion überzeugt. Ihr Kern wird als Geheimnis bezeichnet, weil es eigentlich etwas ist, das menschliches Verstehen übersteigt. Da ist tatsächlich Gott selbst als Mensch geboren worden, weil er den Menschen in Leben, Fühlen und Denken nah sein wollte. Er hat ein Leben mit und für die Menschen gelebt. Er galt als Querulant und war der religiösen Elite seines Landes unheimlich. Deshalb wurde er getötet. Doch nach drei Tagen war sein Grab leer und seine Freundinnen und Freunde berichteten, ihm als Auferstandenem begegnet zu sein. All das hat sie überzeugt, obwohl sie diese Geschichte nur in Ansätzen wirklich begreifen können. Doch dieses Geheimnis bewegt sie seitdem. Darauf setzen sie ihre Hoffnung und loben diesen Christus aus vollem Herzen:

Verlesen von 1. Timotheus 3,16
Lied: EG 45,1+3 Herbei, o ihr Gläub'gen

Wir laufen gemeinsam weiter. Etwas außerhalb des Ortes sehen wir einen Stall. Aus seinem Fenster dringt ein schwacher, aber dennoch seltsam intensiver Lichtschein. Dieses Licht zieht uns magisch an. Doch der Boden ist erdig und uneben. Fast wären wir gestolpert. Als wir endlich am Fenster stehen, müssen wir uns anstrengen, hineinzuspähen, denn es ist ziemlich schmutzig. Drinnen befindet sich neben ein paar Tieren eine kleine Familie. Sonderbar, der intensive Lichtschein scheint direkt von dem Neugeborenen auszugehen, das die Frau in ihren Armen hält.

Die Szene im Stall könnte nun weiter ausgeschmückt und theologisch gedeutet werden.
Lied: EG 37,1–2 Ich steh an deiner Krippen hier

Nachdem wir uns seltsam ergriffen von dem Anblick des Kindes abgewandt haben, gehen wir weiter durch die Nacht und kommen auf freies Feld. Plötzlich wird es hell. Es zieht unseren Blick nach oben. Es sieht aus, als würde sich ein Fenster zum Himmel öffnen. Ist das eine ungewöhnliche Wolkenkonstellation, die vom Mond angeleuchtet wird? Wir meinen, Lichtgestalten wahrzunehmen. Und dann sind da diese geheimnisvollen Klänge, wie Musik aus einer anderen Welt.

An dieser Stelle hätte die Begegnung der Hirten mit dem Engel und den himmlischen Heerscharen ihren Ort.

Lied: EG 54,1–3 Hört der Engel helle Lieder

Mithilfe der entsprechenden Überleitung können einige unterschiedliche Fenster einer Stadt beschrieben werden, die jeweils einen anderen Blick in unsere Alltagswelt ermöglichen. Sie können Beispiele sein, wie sich das Geheimnis Christi in unserer Gegenwart zeigt und verweisen auf die Zeilen »*verkündet unter den Heiden, geglaubt in der Welt.*« Durch ein Fenster sehen wir eine Familie zu Beginn der Bescherung. Die Kinder machen große Augen, alles ist festlich geschmückt und die Geschenke unter'm Baum sind einzig aus dem Grund verpackt, um gleich ihre Geheimnisse zu enthüllen.
Ein weiteres Fenster gibt den Blick auf ein streitendes Paar frei.
Dann öffnet sich das Fenster zu einem Zimmer im Krankenhaus.
Später sehen wir in einem Wohnzimmer einen großen Flachbildschirm, auf dem Nachrichten aus aller Welt vorüberziehen.
Schließlich fällt uns etwas Eigenartiges auf. Wir haben durch sehr unterschiedliche Fenster geblickt, einmal sogar Nachrichten aus fernen Ländern angeschaut. Doch jedes Mal ist uns ein und dasselbe liebevolle Augenpaar begegnet. Zuerst sahen wir es im Gesicht der Mutter, als die Kinder ihre Geschenke auspacken durften. Dann gehörten die Augen zu dem Hund, der dem streitenden Paar abwechselnd den Kopf auf den Schoß legte, bis sie beide lächeln mussten und sich entspannten. Die Ärztin im Krankenhaus hatte denselben Blick, als sie mit einem älteren Herrn in seinem Bett sprach. Und in den Meldungen im Fernsehen war ein Mann zu sehen, der ebendiese Augen hatte, als er Flüchtlinge aus dem Wasser auf sein Schiff zog und so vor dem Ertrinken rettete.
Lied: EG 40,1+4 Dies ist die Nacht

Das nächste Fenster ist dunkel. Doch durch den hellen Schein der Straßenlaterne neben uns sehen wir plötzlich unser eigenes Gesicht direkt vor uns.

Sie sehen sich in die Augen. Augen sind die Fenster zur Seele. Was sehen Sie? Was beschäftigt Sie? Was bewegt Sie an diesem Heiligen Abend? Vielleicht macht Sie Ihr Spiegelbild nachdenklich, vielleicht sind Sie sehr zufrieden mit sich. Während Sie schauen, ist Ihnen, als wäre da noch ein Augenpaar. Es sind die gleichen Augen, wie die der Mutter, der Ärztin, des Hundes und des rettenden Schiffers. Wie auch immer Sie sich fühlen mögen, Jesus Christus sieht Sie mit allem, was ist, und ist da, liebevoll, zugewandt. Er ist es, der sich mitfreut. Er ist es, der mitweint. Er ist es, der jede dunkle Nacht mit seinem Leuchten erhellen möchte.

Lied: EG 56,1+3 Weil Gott in tiefster Nacht erschienen

Während wir uns bereits auf dem Rückweg befinden, fällt uns ein letztes Fenster auf. Eigentlich wollen wir weitergehen. Es ist schon spät. Doch dann riskieren wir doch einen Blick. Drinnen sitzt jemand im Schaukelstuhl. Wir sehen die Person nur von hinten. Doch auf der Kommode steht ein kleines Weihnachtsbäumchen im Topf und daneben steht eine dicke Kerze, die ruhig brennt. Sie ziert ein abstraktes Bild in warmen Gelbtönen und eine angedeutete Person, die zum Himmel emporzuschweben scheint. Im Hintergrund ist schemenhaft ein Kreuz zu sehen.

An dieser Stelle kann auf den Zusammenhang von Weihnachten und Ostern hingewiesen werden.

Möglicher Schluss

Während wir gedanklich weiterlaufen, um wieder hier in dieser Kirche anzukommen, ziehen noch einmal all die Eindrücke, die wir beim Blick durch die unterschiedlichen Fenster gewonnen haben, durch unser Herz und unseren Kopf. Jedes Fenster war wie ein anderes Guckloch, um einen Blick auf das zu erhaschen, was in der Heiligen Nacht seinen Anfang nahm. In der Weihnachtszeit besonders, aber eigentlich unser ganzes Leben lang, sind wir eingeladen, diesem Geheimnis nachzuspüren und herauszufinden, was es für uns bedeutet. Von Zeit zu Zeit wird sich dabei wandeln, was wir wie wahrnehmen. Mal strahlt uns etwas hell, das zuvor im Dunkeln lag. Dann wieder orientieren wir uns an Liebgewonnenem. Stets wird es ein Hinspüren sein zu dem, was uns trägt. Orientieren können wir uns am warmen Licht, das von dem geheimnisvollen Wirken Gottes ausgeht. Sich Gottes Geheimnis anzuvertrauen und von seinem Blinken und Funkeln, seinem Strahlen, seinen Lichtern leiten zu lassen, das hat für mich seinen Ursprung in den Lichtern, die von Weihnachten und von Ostern her strahlen. Mich zwischen diesen beiden geheimnisvollen Lichtern zu bewegen, das bedeutet für mich Leben.

Symbole, Aktionen

Fenster, hinter denen Licht scheint, vielleicht auch als Postkarte zum Mitnehmen, viele Kerzen für den Kirchenraum.

1. Weihnachtsfeiertag
Joh 1,1–5.9–14(16–18)

Joachim Deterding

Erste Begegnung mit dem Text

Licht kommt in die Finsternis. Das spricht mich unmittelbar an. Ich erlebe unser Zeitalter als finster: Wiederaufflammender Judenhass, rechtsextreme Erfolge, die bis in fast alle Parlamente hineinreichen und auch in den bürgerlichen Parteien zu Äußerungen führen, die irgendwo zwischen populistisch-unbedacht und purer Ausländerfeindlichkeit anzusiedeln sind, Kriege in Europa und wieder einmal im Nahen Osten. Die Finsternis scheint die Oberhand zu gewinnen. Da tut mir das Bekenntnis des Johannes-Evangeliums gut: Das Licht leuchtet in der Finsternis und sie hat es nicht auslöschen können.

Andererseits kommt der Text sehr ›philosophisch‹ daher, und das heißt in der Wirklichkeit meiner Gemeinde: Sehr abgehoben vom wirklichen Leben. Ein Wort, das am Anfang Gott war (oder nur bei Gott?) und alles geschaffen hat und dann Mensch wird? Da ist die Geschichte von der Geburt Jesu im Stall doch sehr viel plastischer, begreifbarer, anschaulicher.

Das Wort. Unsere Worte. Welche Worte bewirken was? Welche Worte braucht diese Welt, diese Gesellschaft, diese Gemeinde? Welche Worte brauche ich? Was gibt mir Kraft und Mut? Welches Wort nimmt mir die Angst?

Exegetische Skizze

Dass der Johannesprolog auf einem älteren Hymnus basiert und von daher die Abgrenzungsfrage immer schwierig bleiben wird, ist allgemein anerkannt. Die Gliederung des von Siegfried Schulz (NTD 4) zutreffend Logos-Lied genannten Hymnus in zunächst zwei Strophen

(V. 1.3–4; V. 5.10–12b) ist überzeugend. Mit Walter Wiese (Predigtstudien I/1 2002/2003, 85 ff.) halte ich die Verse 14 und 16 für eine dritte Strophe des Hymnus, mit der die beiden anderen wohl einem vorchristlichen Weisheitsmythos entstammenden Strophen nun ausdrücklich auf Jesus als den Christus bezogen werden.

Darin eingearbeitet sind Hinweise auf Johannes den Täufer als denjenigen, der auf Christus hinweist. Ob in der Täufergemeinde ursprünglich die beiden ersten Strophen des Hymnus auf Johannes bezogen wurden, sei dahingestellt; für die Predigt trägt der Gedanke nichts aus.

Für die Abgrenzung des Predigttextes ergeben sich nun mehrere Möglichkeiten. Die vorgeschlagene Variante 1,1–5.9–14(16–18) hat den Nachteil, dass V. 9 nicht organisch an V. 5 anschließt, sondern die Verse 6–8 voraussetzt. Dafür wird das Johannes-Motiv, das ja einer zusätzlichen Erklärung bedarf, größtenteils umgangen. Die Variante, den gesamten Prolog 1,1–18 zu predigen, hat den Vorteil, dass die Gemeinde am 1. Weihnachtstag den ganzen ihr bekannten Text hören kann. Allerdings macht er eine Reduzierung der in der Predigt anzusprechenden Themen notwendig, die teils schwer zu erklären ist. Die nächste Variante, nur die Verse 1–14 zu predigen, zerreißt die dritte Strophe des Hymnus.

Die Entscheidung lässt sich exegetisch kaum begründet treffen und wird homiletisch getroffen müssen.

Der Hymnus gibt eine Dreiteilung vor: Der präexistente Logos und die Erschaffung der Welt – die Finsternis entsteht, weil die Menschen das Licht nicht annehmen – in Christus ist das Licht als Mensch in die Welt gekommen.

Jesus Christus ist das eine Wort Gottes. Er war es von Anfang an und ist als Licht in die Finsternis unserer Welt gekommen.

Weg zur Predigt

Der Johannes-Prolog ist sehr reichhaltig: Die Hinweise auf den präexistenten Logos, der Menschengestalt annimmt, die Deutung des Täufers und seiner Bewegung, das Nicht-Erkennen durch die Welt – all das sind ja schwergewichtige theologische Themen.

Das gibt mir einerseits viele Möglichkeiten für die Predigt, andererseits stellt es mich vor die Herausforderung, aus der Vielzahl der Themen nun begründet auszuwählen.

Angesichts des Dreischrittes im Logos-Lied entscheide ich mich dafür, diese drei Schritte in eigenen Worten nachvollziehen zu wollen.

Dazu stehen mir zwei Möglichkeiten der Textabgrenzung offen: Ich kann den gesamten Text 1,1–14(15–18) wählen und gerade in der Person des Johannes den sehen, der diese Predigt vorweggenommen hat, indem er auf den Christus hingewiesen hat. Oder aber ich kann die Verse 1–5.9–14 wählen, die Person des Johannes umgehen (und den Bruch zwischen den Versen 5 und 9 in Kauf nehmen), ohne von der Substanz des Hymnus etwas zu verlieren.

Mit Blick auf die Bekanntheit des Textes in der Gemeinde am 1. Weihnachtstag entscheide ich mich für die erste Möglichkeit, lasse aber die Verse 15–18 aus, weil sie inhaltlich zu viele neue Themen ansprechen, die eine einzelne Predigt überfrachten würden.

Laut einer Studie des Bundesministeriums für Familie, Senioren, Frauen und Jugend nutzen 37 Prozent der Personen über 80 Jahre das Internet.

Ich gehe also davon aus, dass mindestens ein Drittel der Gottesdienstbesucher*innen mit diesem Medium vertraut ist, das in unserer heutigen Zeit mehr zur Verbreitung von Worten und Wörtern aller Art genutzt (teilweise auch missbraucht) wird als jemals ein anderes Medium zuvor!

Predigtthema

Das eine Wort und die vielen Wörter – Licht und Finsternis – Hoffnung aus dem Hören auf das eine Wort

Vorschläge zur Liturgie

Votum

Wir feiern Gottesdienst im Namen des einen Gottes, der das eine lebensspendende Wort aussprach, aus dem wir alle geschaffen sind.
Wir feiern Gottesdienst im Namen Jesu, des einen Wortes Gottes, mit dem er uns auf den Weg des Friedens und der Gerechtigkeit gerufen hat.

Wir feiern Gottesdienst im Namen der Geistkraft Gottes, die uns wieder und wieder den Weg des Lebens zeigen will.
Im Namen des Vater, des Sohnes und des Heiligen Geistes.
Amen.

Gebet zum Eingang
Wir erblicken das Licht der Welt in dem Menschen Jesus, fleischgewordenes Wort Gottes.
Wir erblicken den guten Schöpferwillen Gottes in dem einen Wort, das uns Leben gab.
Dank sei dir, Gott, für Licht und Wort,
mit denen du uns immer wieder neu erhellen und ermuntern willst durch deinen Sohn Jesus Christus,
in dem du uns nahegekommen bist.
Amen.

Psalm: Ps 138

Lesung: Lk 2,1–20

Kyrie
Guter Gott,
vor dir und vor unseren Mitmenschen können die Worte nicht bestehen, die wir bisher gesagt haben. Zu oft waren es nicht Worte des Lebens, sondern Worte der Macht. Zu selten waren es Worte der Liebe und zu häufig Worte, die Schaden angerichtet haben.
Vor dich, Gott, bringen wir unsere Schuld und bitten um dein Erbarmen. Sag du uns das Wort, das Leben gibt.
Zu dir rufen wir: Gott, erbarme dich.

Gloria
Dein Wort, Gott, ist lebendig und ermutigend. Mit ihm willst du uns ins Leben führen, in ein Leben voller Frieden und Gerechtigkeit und Wahrhaftigkeit.
Ehre sei Gott in der Höhe!

Fürbitten
Gott, wir bringen heute vor dich unsere Sprachlosigkeit angesichts des

Leids, das so viele Menschen in deiner Kirche erfahren haben. Uns fehlen die Worte für das, was tausendfach geschehen ist. Deshalb bringen wir dieses Leid schweigend vor dich.
(Eine Minute Schweigen)
Wir bitten dich, Gott: Erbarme dich.

Gott, vor dich bringen wir die Nöte unseres Landes, unseres Erdteils: Lebenszerstörende Kräfte gewinnen an Bedeutung – vergessen scheint das Leid, das schon einmal über die ganze Welt hereinbrach durch solche Strömungen. Gib uns die rechten Worte, Gott, um diesem Irrsinn entgegenzutreten. Zeige uns, dass das Leben stärker ist als der Hass.
Wir bitten dich, Gott: Erbarme dich.

Gott, Armut und Klimawandel, Ungerechtigkeiten und soziale Missstände; es gäbe so vieles, an dem wir etwas verbessern könnten. Gib uns Ideen und Überzeugungskraft, Gott, damit wir fördern, was dem Leben dient.
Wir bitten dich, Gott: Erbarme dich.

Gott, für uns selbst bitten wir dich. Manchmal fehlen uns die richtigen Worte, manchmal haben wir zu viele Worte auf den Lippen. Manchmal reden wir, wo wir besser schweigen sollten, manchmal schweigen wir, wo doch ein Wort schon helfen würde. Erleuchte uns Gott. Sage uns, wann wir reden, wann wir schweigen sollen. Gib uns die nötigen Worte, und die übrigen Worte lass uns vergessen.
Wir bitten dich, Gott: Erbarme dich.

Lieder: EG (RWL) 592 Wort, das lebt und spricht; EG 199 Gott hat das erste Wort

Vorschlag zur Predigt

Möglicher Anfang
(Lesung Johannes 1,1–14 in der Fassung der Neuen Genfer Übersetzung)
Liebe Weihnachtsgemeinde,
am Anfang war das Wort. Und dieses Wort war lebensspendend. Es erschuf die Welt, es erschuf die Natur um uns herum, es erschuf uns.

Und wir lernten, Wörter zu gebrauchen. Nicht DAS Wort, denn das war und blieb uns unverfügbar. Aber die Wörter eben doch. Wir machten sie uns dienstbar und erschufen so wunderbare Sätze wie »Ich liebe dich«, oder »Gut, dass es dich gibt«, oder »Schön, dass du da bist«. Wir lernten, welchen Segen unsere Wörter in die Welt bringen können, und wenn schon nicht in die große Welt, so doch mindestens in unsere kleinen Welten um uns herum. Heilvolle Wörter, mutmachende Wörter, erhebende Wörter.

Und dann lernten wir, mit Wörtern zu zerstören. Worte der Erniedrigung und Herabwürdigung, Worte der Geringschätzung – und irgendwann Worte des Hasses. Worte, die Menschen erledigen können.

Warum wir das lernten? Ich weiß es nicht. Vielleicht weil da einer größer sein wollte als andere. Vielleicht, weil da eine nicht ertragen konnte, dass eine andere etwas konnte, das sie nicht konnte. Vielleicht auch einfach nur, weil da jemand etwas missverstanden hatte und sich jetzt rächen wollte.

Jedenfalls aber ging es dabei um Macht, um unangemessene Macht, um die Macht des Einen über die Andere.

Und wir verfeinerten beides, die guten wie die schlechten Wörter, die segensbringenden wie die zerstörerischen. Und bald schon war es scheinbar nicht mehr unsere Entscheidung, welche Worte wir wählten. Bald schon gab es Sachzwänge und Notwendigkeiten, die keine Argumente mehr zuließen.

So verselbstständigten sich die Wörter und wurden uns entzogen. Jedenfalls den meisten von uns – nämlich all jenen, die dieser Logik der Sachzwänge und Notwendigkeiten folgten. Und wir verloren unsere Freiheit im Umgang mit den Wörtern. Vielleicht nicht alle von uns, aber viele.

Zum weiteren Verlauf

Finsternis war die Folge. Kriege und Morde im Namen Gottes – oder doch wenigstens im Namen der Kirche. Machtstreben und Ungerechtigkeit. Kreuzzüge und Waffensegnungen. Doppelmoral und völliges Fehlen von ethischen Grundhaltungen.

Nein, nicht alles war finster. Immer waren auch Menschen wahrhaftig auf der Suche nach Gott. Manchmal sogar so überzeugend, dass sie viele Menschen mit sich rissen, im positiven Sinn mitreißend waren. Aber zu selten eben waren sie die bestimmende Kraft in der Kirche.

(Hier kann jede*r Geschichten aus der eigenen Gemeinde oder ihrem Umfeld einfügen. Oder auch erste Erkenntnisse der ForuM-Studie der EKD einarbeiten, die ja ein beredtes Zeugnis unseres Versagens als Institution ist.)

Und niemand von uns einzelnen ist nur Licht oder nur Finsternis. Beides ist in uns, zu beidem sind wir fähig, beides beherrscht uns mitunter. Aber niemand von uns ist nur gut oder nur böse, nur dunkel oder nur hell, nur Licht oder nur Finsternis. Oft aber können wir uns entscheiden. Dabei will Gott uns helfen, will uns mit seinem Wort eine Orientierung geben, will uns zeigen, was der richtige Weg ist, der Weg des Lichts. Dafür müssen wir zunächst einmal zuhören. Wahrnehmen. Keine vorschnellen Antworten geben, sondern überlegte, gut durchdachte Antworten.

Und dann kam das Internet, liebe Gemeinde. Das Internet als Ort, an dem so viele Wörter geschrieben werden. Plötzlich konnten diejenigen, denen Hass und Hetze selbstverständliche Mittel waren, ihre Worte vervielfältigen – unbeschränkt vervielfältigen. Eine Schwemme von Bosheit überzog die ganze Welt, eine Flutwelle voll boshafter Wörter, deren Wahrheitsgehalt schon aufgrund ihrer Vielzahl nicht mehr nachprüfbar war. Diese Wörter gewannen die Oberhand, obwohl doch eigentlich mehr Menschen Gutes im Sinn hatten als Böses.
Aber auch im Internet gilt: Wir können widersprechen, wenn jemand Worte der Bosheit sagt oder schreibt. Wir müssen ihnen nicht das letzte Wort lassen, jenen, die nur auf Zerstörung aus sind. Wir können unsere guten Worte dagegensetzen. Vielleicht verändern wir nicht die Welt damit, aber wir setzen dieser Haltung der Zerstörung eine Haltung der Liebe entgegen, der Liebe Gottes zu uns Menschen.

Möglicher Schluss
Und das Wort ward Fleisch. Und es wohnte unter uns in dem Menschen Jesus. Ein Mensch, dessen Worte etwas bewirkten: Sie waren heilsam, sie waren aufwühlend, sie waren bedeutsam. Sie brachten Licht in die Finsternisse seiner Zeit.
Und wir lernten von ihm, unsere Wörter wieder sorgsamer zu gebrauchen. Achtsam, um keinen Schaden mit ihnen anzurichten. Bedächtig, um die Wörter zu finden, die den Menschen um uns herum weiterhelfen, ihnen Wege zu Gott eröffnen. Liebevoll, weil nur in den Worten der Liebe etwas nachklingt von dem einen Wort der Schöpfung.

Aber wieder vergingen viele Jahre, und wir verlernten, was Gott, was Jesus uns gelehrt hatte. Wieder verfielen wir den Wörtern der Macht, oder doch zumindest so viele von uns, dass die Finsternis zu siegen drohte. Auch wir als Kirche waren nicht besser, in unseren Worten nicht, und in unseren Taten schon gar nicht. Wir sollten doch auf ihn hinweisen mit unseren Worten – so wie einst Johannes. Wir sollten doch ihn groß machen und erkennbar – so wie einst Johannes. Wir sollten doch seine Größe preisen – und nicht unsere eigene Größe suchen.

Vielleicht ist heute eine Zeit des Schweigens gekommen. Weil uns die richtigen Worte zu selten einfallen. Weil wir erst hören sollten auf das, was Menschen in unserer Kirche erlebt haben. Weil wir erst wahrnehmen müssen, was unsere Worte und unsere Nicht-Worte verursacht haben.

Vielleicht ist heute eine Zeit des Schweigens gekommen, damit wir endlich wieder auf das eine Wort hören – das Wort des Lebens. Das Wort, mit dem er uns geschaffen hat. Das Wort, in dem Gott Mensch geworden ist.

Vielleicht ist heute eine Zeit des Schweigens gekommen. Weil wir uns die richtigen Worte erst geben lassen müssen von dem, der das Wort selbst ist. Von dem, der in Jesus Fleisch wurde. Von dem, dessen Herrlichkeit voller Gnade und Wahrheit ist.

Welche Worte werdet ihr sagen, liebe Gemeinde?

Frohe Weihnachten wird es, wenn wir wieder von dem einen Wort lernen, unsere Wörter achtsam und bedächtig und liebevoll zu nutzen. Amen.

Gestaltungsidee

Falls im Gottesdienst das Abendmahl gefeiert wird, bietet es sich an, dass die Besucher*innen sich gegenseitig ein Wort des Friedens oder des Respekts oder der Wertschätzung sagen können.

Kontexte und Tipps zum Text

»Mehr als 50.000 gefälschte Nutzerkonten auf der Onlineplattform X, mehr als eine Million deutschsprachiger Tweets: Russland soll mit einer massiven Kampagne versucht haben, mehr Unmut gegen die Ampel-Regierung zu schüren.« (tagesschau.de)

Auswärtiges Amt: Desinformationskampagne Russlands aufgedeckt | tagesschau.de

2. Weihnachtsfeiertag
Röm 1,1–7

Hans-Jürgen Kant

Erste Begegnung mit dem Text

»Jeder Mensch erfindet sich früher oder später eine Geschichte, die er für sein Leben hält.« schreibt Max Frisch in seinem Roman »Mein Name sei Gantenbein«.

Warum sollte es Paulus anders machen. Mit seinem Brief stellt er sich den Gemeinden in Rom vor. Bald will er bei ihnen sein. Ich staune, wie er vor Selbstgewissheit strotzt: Ich bin berufen. Gott hat mich von anderen ausgesondert. Er ist mir nahe. Ich bin sein Apostel. In seinem Namen richte ich den Gehorsam Christi auf. Ich bin ein Knecht, ein *doulos* Christi. Er ist auf meiner Seite. Große Worte.

Sich vorstellen. Sich den anderen verständlich machen. Für sich und seine Sache werben. Gar nicht so einfach manchmal! Was war ich aufgeregt, als ich mich vorstellen musste. Damals, bei meiner Bewerbung um das Amt des Superintendenten in Halle. In der letzten Runde saßen wir zu viert in einem Podium vor der Kreissynode. Wir sollten antworten und deutlich machen, wofür wir jeweils stehen: Was für Vorstellungen haben Sie von der Arbeit im Kirchenkreis? Wo liegen die Schwerpunkte kirchlicher Arbeit heute? Wie gehen Sie mit Konflikten um? Wo ordnen Sie sich theologisch ein und was bedeuten Ihnen Ehrenamtliche? Puh, das fiel mir schwer, auf den Punkt zu kommen und einen Gedanken zu finden, den die anderen auf dem Podium noch nicht gesagt hatten. Paulus jedenfalls hat klare Antworten. Warum ist er sich seiner Sache so gewiss?, überlege ich. Das Erleben vor Damaskus? Sein Erfolg in der Heidenmission? Die Erfahrung, mir nimmt niemand die Butter vom Brot? Weil er alle Gefängnisaufenthalte trotzig überstanden hat, mit einem Lied auf den Lippen? Er macht es mir schwer mit seinen formelhaften Sätzen. Meine Sympathie gilt eher den dissonanten Tönen. Mich interessiert eher das Dazwischen. Das Fragende. Das, was rätselhaft bleibt.

Exegetische Skizze

Es ist das Jahr 56. Paulus befindet sich im Haus des Gaius in Korinth und diktiert einen Brief nach Rom. Es entsteht ein Briefessay, ein literarisch anspruchsvoller Text. Paulus hat seine missionarischen Aktivitäten im Osten beendet. Nun plant er, seine Missionstätigkeit auf Spanien auszuweiten (15,14 ff.). Dazu will er den Hausgemeinden in Rom einen Besuch abstatten. Diese Gemeinden hat er nicht gegründet, er kennt sie nur vom Hörensagen.

Insofern reagiert Paulus nicht wie sonst auf eine individuelle Problemlage oder verfolgt ein bestimmtes Anliegen. Er formuliert vielmehr über den Tag hinaus. Er will, dass die Christen in Rom wissen: So denke ich. So glaube ich. So bin ich. Das, was ich euch schreibe, werdet ihr auch hören, wenn ich bei euch predige.

7.094 Wörter (Nestle-Text) verwendet Paulus, um seine Themen zu referieren. Alles höchst bedeutsam. »Der Römerbrief ist diejenige Schrift des Paulus, die das theologische Denken des Christentums begründet und eröffnet. Dieses Denken bezieht sich auf das Verhältnis zwischen Gott und den Menschen, zunächst grundlegend aus israelitisch-heilsgeschichtlicher Perspektive, dann aktuell und endzeitlich zugleich aus christologischer Perspektive.« schreibt Oda Wischmeyer in ihrem Paulusbuch, Tübingen 2021, 467. Darum geht es Paulus theologisch: Der Gott Israels, der Gott der Väter, des Bundes und des Gesetzes wie der Verheißung ist auch der Vater Jesu Christi. Daraus zieht er weitreichende Folgerungen für das Verhältnis der Menschen zu Gott. Die Gott geschuldete »Gerechtigkeit«, die weder Juden noch Heiden aufbringen, ist von Jesus Christus stellvertretend erfüllt. So haben beide im Glauben Zugang zu einem neuen, endzeitlichen Leben in Gerechtigkeit vor Gott. »Diese Sachverhalte nennt er Evangelium. Sie bilden den Kern seiner Verkündigung.« So Oda Wischmeyer.

Paulus schreibt stilistisch wie sonst auch. Allerdings: Im Unterschied zu seinen anderen Briefen weitet er den Eingang durch Selbstvorstellung (1,1–7) und Selbstempfehlung (1,13–15) deutlich aus.

In unserem Predigttext für den 2. Weihnachtstag (1,1–7) stellt sich Paulus vor als Apostel der Heiden. Diese Vorstellung bildet den Rahmen. Dahinein schreibt er komprimiert in formelhaften Wendungen und teilweise mit Traditionsstücken der Alten Kirche, was ihm wichtig ist: allein die gute Nachricht zu verkündigen! Sie umfasst die von Gott gegebenen Verheißungen der Propheten und der Heiligen Schriften sowie Jesus Christus, den Auferstandenen, und den Geist, der ihn zum Wirken bringt. Hier nun wird es weihnachtlich: Aus dem Geschlecht Davids kommt der Christus. Gott wird Fleisch, ein Mensch. Keine Adoption, sondern schon lange verheißen. Der »Sohn Gottes« ist in die Welt gekommen. Er hat Paulus als Apostel eingesetzt und gesandt zu den Heiden, auch die römischen Gemeinden werden überwiegend aus Heidenchristen bestehen, um den »Gehorsam des Glaubens« aufzurichten. Paulus grüßt abschließend mit einer geläufigen Segensformel, die für ihn fest zum Briefeingang gehört; er hat sie jedoch trinitarisch erweitert.

Weg zur Predigt

Der Predigttext ist aus der Christnacht, wo er früher als Epistel gelesen wurde, zum 2. Weihnachtsfeiertag gewandert. Vielleicht weil er theologisch so dicht gedrängt und anspruchsvoll daherkommt. Wer sollte diese komplizierten Gedankengänge mitten in der Nacht verstehen! Die störten eher den Zauber des Festes.

Nun Paulus also am 2. Weihnachtstag. Die Gemeinde, die heute zusammenkommt, ist hörerprobt und mit theologischen Gedanken vertraut. Paulus lädt ein, denkerisch zu durchdringen, was mir die Weihnachtsbotschaft ins Herz singt, was mir die Geschichten von Engeln, Hirten und Weisen erzählen und warum sogar ein Baum voller Lichter Platz in unserer Kirche findet.

Predigtthema

Wie Paulus Weihnachten feiert.

Vorschläge zur Liturgie

Votum

Im Namen Gottes: Du bist so groß und machst dich klein für uns.
Im Namen Jesu: Von weit kommst du und wirst Mensch wie wir.
Im Namen des Geistes: Du lässt uns verstehen, was das bedeuten soll.

Kyrie

Gott, wir feiern Weihnachten.
Kerzen und Lichter brennen.
Doch nicht alles wird hell, was dunkel ist
in unserer Welt und in unserem Leben.
Deshalb bitten wir:
Bleib bei uns, Herr, verlass uns nicht,
führ uns durch Finsternis zum Licht.

mündet in die Liedstrophe EG 74,4

Gloria

Gott, wir feiern Weihnachten.
Du rührst uns an
als Kind in der Krippe.
Du lächelst,
damit wir froh werden:
Fröhlich soll mein Herze springen,
dieser Zeit, da vor Freud alle Engel singen.

mündet in die Liedstrophe EG 36,1

Eingangsgebet

Gott, du kommst in diese Welt,
um zu retten:
nicht nur uns, alle Menschen hast du im Blick.
Schenke uns offene Augen und wache Herzen,
damit wir sehen, verstehen und dir vertrauen.

Meditation

Gott wird Mensch.
Er schaut mich an aus den Augen eines Kindes.
Er spielt das Cello draußen vor dem Drogeriemarkt
in der Einkaufspassage.
Er steht hinten an der Schlange im Sozialkaufhaus.
Ob er noch ein paar Apfelsinen bekommen wird?
Es ist doch Weihnachten!
Er sitzt mit den anderen Jugendlichen unten am Fluss.

Sie rauchen und manchmal höre ich sie lachen.
Gott im Militärlazarett, in der Sprachschule gleich nebenan,
mit Schlips und Anzug im Schalterraum der Bank.
In der »Schnitte«, wo die Kinder nach der Schule
ein Mittagessen bekommen können.
Neben der alten Frau ganz hinten in der Marktkirche.
Gott wird Mensch.

Fürbitten

Gott, du bist Mensch geworden.
Lass uns die Menschen sehen, die uns brauchen:
den Armen, den gerade Verlassenen,
den ausrangierten Soldaten,
den Einsamen, den Verzweifelten, die Frau,
die mit ihrem Geld kaum über die Runden kommt,
den Mann, der allen Lebenssinn verloren hat.
Du bist Mensch geworden, Gott,
damit du mit uns den Traum lebst
von einer Welt,
in der wir uns als Menschen begegnen:
zugewandt, barmherzig, friedlich.
Lass uns zusammen diesen Traum leben.
Sei du da, Gott.

Lieder: EG 36 Fröhlich soll mein Herze springen; EG 27 Lobt Gott,
ihr Christen alle gleich; EG 56 Weil Gott in tiefster Nacht erschienen;
Durch Hohes und Tiefes Nr. 23 Volk in der Wüste

Vorschlag zur Predigt

Möglicher Anfang

Fünf aufrüttelnde Paukenschläge, flirrende Holzbläserklänge, her-
abstürzende Streicherskalen und Trompetenfanfaren. Dann setzt der
Chor ein: »Jauchzet, frohlocket, auf preiset die Tage, rühmet, was heute
der Höchste getan!« Der Leipziger Thomaskantor Johann Sebastian
Bach kündigt mit dem Eingangschoral seines Weihnachtsoratoriums
Unerhörtes an. Etwas, was die ganze Welt umstürzen wird. Mein Herz

pocht. Der Puls beschleunigt sich. Schaudern, Glück, während ich zuhöre und tief innen die Töne klingen lasse.

Weihnachten ist das Fest der großen Gefühle. Die Sehnsucht, die das ganze Jahr geschlummert hat, wird wach: Dass die Welt und was in ihr geschieht ein gutes Ende nimmt. Dass die Menschlichkeit siegt, dass Barmherzigkeit regiert und es endlich, endlich Frieden wird. Und das soll sich schon jetzt, in diesen Tagen widerspiegeln: in freundlichen Gesten, in Geschenken, im Miteinander der Familie. In einem Fest, an dem niemand allein bleibt. Und zwischendrin: Entenbraten, Karpfen oder Lasagne vegetarisch.

Natürlich wissen wir: Auch die anderen Gefühle werden wach, wenn die Erwartungen so hoch sind – Enttäuschung. Einsamkeit. Und der Wunsch, dass diese Tage hoffentlich bald vorüber sind!

Heute am 2. Weihnachtsfeiertag beginnt der Glanz bereits zu verblassen. Die Paukenschläge hallen noch nach wie aus weiter Ferne. Doch es zieht Nüchternheit ein. Vielleicht auch schon in unseren Gottesdienst. Bestimmt, wenn wir auf Paulus hören! Der hat nicht vor, mit uns die Weihnachtskrippe zu besichtigen und unseren Baum hier in der Kirche zu bewundern. Doch Weihnachten ist auch sein Thema heute Morgen. Auch er feiert das, was wir zu Weihnachten feiern. Man muss jedoch genau hinhören, um das zu erlauschen.

Sind Sie bereit für einen Text, der ganz nüchtern daherkommt und uns zum Mitdenken einlädt? Dann hören Sie bitte auf den Predigttext aus dem Beginn des Römerbriefes, Kapitel 1, die ersten sieben Verse:

Lesung des Predigttextes Röm 1,1–7

Zum weiteren Verlauf

Habe ich Sie ausreichend gewarnt, liebe Gemeinde? Das ist wirklich schwerer Tobak und Paulus hat ihn auch nicht für ein Weihnachtsfest in Rom verfasst. Er stellt sich vielmehr den römischen Christen vor mit einem Brief: Ich bin ein Apostel. Schreibt er. Gott hat mich berufen und gesandt. Ich soll das Evangelium predigen, die gute Nachricht.

Auch Weihnachten kommt dabei vor. Haben Sie es wahrgenommen? – Zum Evangelium gehört für Paulus Jesus Christus, »der geboren ist aus dem Geschlecht Davids nach dem Fleisch«. Der also aus der Familie des Königs und Psalmsängers David stammt.

Da haben wir's: Deshalb müssen Maria und Josef nach Bethlehem und deshalb nehmen dort auf dem Feld und in einem Stall die Dinge ihren Lauf.

Jesus Christus wurde Mensch. Das ist Paulus ganz wichtig. Das feiert er zu Weihnachten. Genauso wichtig ist ihm: Gott war mit seiner guten Nachricht längst da, schon vor Weihnachten – durch die Propheten und die Heiligen Schriften. Der Geist Gottes ist am Werk. Und Jesus Christus ist auferstanden und hat dadurch den Umsturz des Bisherigen bekräftigt. Große Sätze, gewichtige Formeln! Ich stehe davor, die Stirn in Falten gezogen, und versuche sie zu verstehen. Sie sind mir bekannt über viele Jahrzehnte. Oft habe ich sie als Pfarrer nachgesprochen, in den Mund genommen, und doch kommen sie mir vor wie Partizipialkonstruktionen, die ich im Lateinunterricht mühsam, geradezu mathematisch aufzulösen lernen musste.

Was ich aber auch spüre: Paulus ist es, so verquast es mir auch erscheint, ernst mit seiner Hoffnung. Er stellt sich und sein Denken den Christen in Rom vor. Ich komme euch besuchen, schreibt er, damit wir uns gegenseitig stärken und trösten. Ich schätze euch als Christen, die nicht aus dem jüdischen Volk stammen, und ich zeige euch, dass ihr verbunden seid und zusammengehört mit dem Volk der Verheißung. Nehmt meine Schriftzitate als Leuchtfeuer der Vergangenheit. Meine Hoffnung für diese Welt, für euch, für alle Menschen kommt von weit her. Ach, was freue ich mich darauf, wenn wir endlich Zeit haben, um darüber gemeinsam zu sprechen.

Wir haben einen Gott, der von Anfang an da war. Den es immer zu den Menschen gedrängt hat. Der sich ein Volk auserwählt hat und dann in die ganze Welt. Bis heute. Über alle Schranken hinweg. Ihn treibt die Liebe. Menschen haben sie erlebt: Sie wurden gerettet, sie erfuhren Befreiung und wurden durch Wüste und Not geführt. Diese Liebe feiern wir jetzt zu Weihnachten.

(Hier kann man gerne weiteres ausführen, was in den exegetischen Erwägungen zur Paulustheologie eine Rolle spielt.)

Möglicher Schluss

Paukenschläge und Fanfarenstöße am Anfang, das »Jauchzet, frohlocket«. Wir haben allen Grund dafür, sagt Paulus. Weihnachten feiern wir einen Gott, der Fleisch wurde. Er gehört in eine konkrete Familie. Er liegt in Bethlehem in einer Krippe. Wir feiern den, der um die Herzen der Menschen wirbt, der aber auch meinen Verstand braucht. So kann ich die Liebe verstehen, um die es geht. Die Liebe zu allen Menschen, für die Gott selbst Mensch wird.

Paulus hat nach dem Schreiben an die Römer keinen Brief mehr verfasst. Gott meinte vielleicht: Mehr kann man dem Gesagten nicht hinzufügen. Das ist genug, um es zu durchdenken und zu feiern.

Gestaltungsidee

Ausgehen könnte man auch vom Friedensgruß Vers 7. Wo geht es um Frieden in den weihnachtlichen Geschichten? Wir schauen nach: bei den Engeln, im Stall, bis hin zum Friedenswunsch beim Abendmahl, das vielleicht im Gottesdienst gefeiert wird.

Symbole, Aktionen

Das scheinbare Gegensatzpaar »gedankliches Durchdringen der Botschaft« und »fühlbares Erleben« lässt sich gestalten durch einen Umzug durch die Kirche. Wir schauen uns Weihnachten gemeinsam an: Krippe, Baum, Lichter, alles was von Weihnachten erzählt. Das könnte eine gute Hinführung zu den Gedanken des Paulus sein.

Kontexte und Tipps zum Text

Selbst Engelzungen haben nur Erfolg, wenn der Resonanzbogen für das, was sie predigen, vorhanden ist.
August Bebel, Die Frau und der Sozialismus

Jeder von uns ist Autor seines Lebens. Nur wir selbst können wissen, welche Geschichte unser Leben gerade schreibt. Welchen Sinn sie macht und ob sie spannend genug ist, um die nächste Seite aufzuschlagen.
Shiva Rhyu

Anerkennung setzt Selbstanerkennung voraus und will nicht gewährt, sondern erkämpft werden.
Ilko-Sascha Kowalczuk, Die Übernahme, München 2019

Mir gefällt im Christentum die Grundidee, dass Gott Mensch geworden ist und gekreuzigt wurde. Das heißt doch, Gott findet man in seinen Mitmenschen und in ihrem Leiden.
Edgar Selge im Interview, Prisma Nr. 39/2017

Die Geburt Jesu in Bethlehem ist keine einmalige Geschichte, sondern ein Geschenk, das immer bleibt.
Martin Luther

1. Sonntag nach dem Christfest
Mt 2,13–18(19–23)

Robert Jonischkeit

Erste Begegnung mit dem Text

»O mein Gott, nicht der Kindermord zu Bethlehem!« Das war mein erster Gedanke. Auch wenn ich weiß, dass am 28. Dezember traditionell das Fest der unschuldigen Kinder gefeiert wird, widerstrebt es mir grundsätzlich, die schöne Stimmung des Weihnachtsfestes durch ein so grausames Thema zerstören zu lassen. Die Beschäftigung mit einem solchen Inhalt ist an sich schon schwierig, aber wer noch dazu kleine Kinder hat, den trifft ein solcher Predigttext zunächst einmal wie ein Schlag.

Zum Glück geht die Geschichte gut aus. Verantwortlich dafür ist Josef, der gutmütige und wohl leicht zu beeinflussende Verlobte der Maria. Er befolgt himmlische Weisungen, überbracht durch Engel im Traum, ohne Vorbehalte und ohne Diskussion. Damit wird Josef für mich zum Vorbild für den Glauben, der sich vor allem in einem bedingungslosen Vertrauen zeigt.

Exegetische Skizze

Es bietet sich an, die optionalen Verse 19 bis 23 in den Predigttext einzubeziehen. Denn insgesamt lassen sich die Verse 13 bis 23 in drei Unterabschnitte gliedern: Die Flucht nach Ägypten (13–15), der Kindermord zu Bethlehem (16–18) und die Rückkehr nach Israel (19–23), wobei die Abschnitte eins und drei als Rahmen der Geschichte deutlich aufeinander abgestimmt sind. Alle drei Sequenzen werden durch ein Erfüllungszitat abgeschlossen, wobei die erste und dritte jeweils eine Engelserscheinung und einen Reiseauftrag enthalten.

Inhaltlich wird der Gehorsam des gerechten Josef herausgestrichen, aber auch die göttliche Führung: In allen Geschehnissen um Jesus ist Gott der eigentlich Handelnde.

77

Mit dem Bezug auf Hos 11,1 wird Jesus hier erstmals explizit als Sohn Gottes bezeichnet. Da sich »mein Sohn« bei Hosea aber kollektiv auf ganz Israel bezieht, bindet Matthäus so die Jesusgeschichte an die Geschichte Gottes mit Israel.

Indem Matthäus in V.16 das Verb *empaizein* verwendet, das sonst nur noch im Zusammenhang mit der Passion Jesu steht, stellt er einen Vergleich zwischen Jesus und Herodes her: Herodes sieht sich durch die Magier verspottet und reagiert aus Machtgründen mit der Tötung vieler unschuldiger Kinder; Jesus wird am Kreuz verspottet und lässt sein Leben für die Vielen (20,28).

Das zweite Erfüllungszitat aus Jes verzichtet aus theologischen Gründen auf das sonst übliche finale »damit«, da der Kindermord zwar in der Schrift vorhergesehen, aber von Gott weder geplant noch gewollt war. Dennoch wirft diese Stelle das Problem der Theodizee auf.

Das dritte Erfüllungszitat in V. 23 lässt sich in den bekannten atl. Schriften nicht als Zitat verifizieren. Das war Matthäus wohl bewusst, weswegen er den unbestimmten Plural »durch die Propheten« verwendet.

Literatur:
Matthias Konradt, Das Evangelium nach Matthäus, in: Karl-Wilhelm Niebuhr/Samuel Vollweider (Hg.), Das Neue Testament Deutsch, Teilband 1, Göttingen 2015, 42–46

Weg zur Predigt

Da der Kontrast zwischen der fröhlichen Weihnachtsbotschaft und dem Predigttext über den Kindermord nicht aufgelöst werden kann, muss er angesprochen (Predigt) und idealerweise auch veranschaulicht (Licht/Dunkelheit, stimmungsvolle/dramatische Musik) werden.

Das Thema der Historizität biblischer Texte sollte gerade bei einer so schwierigen Perikope eine Rolle spielen. Die Frage, welche Botschaften und Inhalte die Evangelisten mit ihren Texten vermitteln wollten, kann generell zu einem reflektierten und offeneren Umgang mit der Heiligen Schrift führen. Dass es hierbei auch durchaus unterschiedliche Meinungen geben kann, kann in der Predigt angesprochen oder auch szenisch durch Einbezug mehrerer Personen dargestellt werden.

Dass Matthäus großen Wert darauf legt, dass Jesus die Erfüllung aller

Verheißungen der Schrift sei, lässt sich wunderbar im Kontext der Frage nach historischer Wirklichkeit der Geschichte diskutieren. Am Schluss steht aber immer das Vertrauen in Gottes Führung. Dafür ist Josef ein leuchtendes Beispiel und Vorbild.

Predigtthema

Gottvertrauen trägt in guten und schlechten Zeiten. Auch wenn man vor existentiell bedrohenden Situationen und Lebensentscheidungen steht. Immanuel – Gott ist mit uns. Diesen Gott, dessen Geburt wir in Jesus Christus zu Weihnachten gefeiert haben, erlebt Josef unmittelbar. Auf diesen Gott dürfen wir auch hoffen und vertrauen.

Vorschläge zur Liturgie

Votum

Um schon zu Beginn einen Bezug auf das Vertrauen Josefs zu Gott herzustellen, schlage ich Psalm 118,8 vor.

Psalm: Psalm 121 verspricht den Beistand Gottes und erinnert daran, dass unser ganzes Leben in seiner Hand steht.

Gebet zum Eingang

Wir sahen deine Herrlichkeit,
als du Mensch wurdest im Stall von Bethlehem
und die Engel das Gloria sangen.
Es war bald vorbei mit der Herrlichkeit,
als du ein Mensch warst in dieser Welt.
Als du vor Herodes fliehen musstest,
sang niemand das Gloria.
Als du zum Gotteslästerer erklärt wurdest,
sang niemand das Gloria.
Als du ans Kreuz geschlagen wurdest,
sang niemand das Gloria.
So wurdest du zu einem von uns.
Immanuel, Gott ist mit uns.

Bleibe bei uns.
Amen.

Lesungen: Die Parallele zwischen Jesus und Moses im Predigttext sowie der Aspekt der göttlichen Führung legen den Text über den Auszug aus Ägypten und die Gegenwart Gottes in Form der Wolken- bzw. Feuersäule nahe (Ex 13,20–22).
Die zweite Lesung über die Grundlage christlicher Gemeinschaft erinnert uns daran, dass der Beistand Gottes nicht nur dem einzelnen Menschen gilt, sondern auch seiner Kirche in ihrer Verbundenheit: 1 Joh 1,1–4.

Kyrie und Gloria

Adventskyrie: EG 178.6 Tau aus Himmelshöhn
Gloria: EG 180.2 Gott in der Höh sei Preis und Ehr

Fürbitten

Wir bitten für alle, die den Regierenden unbequem werden,
gib ihnen Kraft und Geduld, damit sie nie müde werden,
für Gerechtigkeit und Frieden einzutreten.
Wir bitten für alle, die Verantwortung tragen,
gib ihnen Einsicht und guten Willen, ihre Ämter und Funktionen
zum Wohl der Menschen auszuüben.
Wir bitten für alle mit Fluchterfahrungen,
gib ihnen eine Heimat, in der sie aufgenommen werden
und nicht nur toleriert.
Wir bitten für alle, die Menschen in Not Hilfe leisten,
mach sie zu Vorbildern für viele andere
und für uns.
Amen.

Lieder: EG 379 Gott wohnt in einem Lichte, dem keiner nahen kann; Unterwegs mit Gott, in: Gottfried Heinzmann/Hans-Joachim Eißler (Hg.) Das Liederbuch – Glauben, Leben, Lieben, Hoffen; Stuttgart 2016(4) Nr. 123

Vorschlag zur Predigt

Möglicher Anfang

Liebe Gemeinde,
ich entschuldige mich offen und aufrichtig dafür, die schöne, romantische Weihnachtsstimmung bereits am ersten Sonntag nach dem Heiligen Abend kaputt gemacht zu haben. Es tut mir leid. Aber so ist eben das Leben. Vor wenigen Tagen erst haben wir am Heiligen Abend und am Christtag das Fest der Geburt Jesu gefeiert, Inbegriff des Weihnachtsfriedens, der Familienidylle und der glänzenden Kinderaugen. Und heute holt uns mit dem Predigttext über den Kindermord in Bethlehem bereits die grausame Wirklichkeit eines brutalen Alltags wieder ein. Wir kennen dieses Phänomen aus dem Fernsehen. Am Heiligen Abend wird ein Sonderprogramm gesendet. Romantische Kindermärchen am Nachmittag wie der Klassiker »Drei Haselnüsse für Aschenbrödel«, besinnliche Filme am Abend und sogar die Hauptnachrichten berichten vorwiegend über die Weihnachtsfeiern in aller Welt. Ähnliches gilt vielleicht noch für den Christtag, aber schon danach setzt die gewohnte Routine ein und die Reportagen und Nachrichtensendungen liefern uns wieder regelmäßig Bilder von den zahlreichen Kriegen in der Welt, von Naturkatastrophen und tragischen Schicksalen.
Und damals bei der Geburt Jesu vor über 2.000 Jahren war es eben auch schon so. Lukas malt dieses Ereignis in seinem Evangelium in schillernden Farben: der Stall in Bethlehem, eine selig lächelnde Maria, ein glücklicher Josef, anbetende Hirten, singende Engelschöre und im Hintergrund Ochs und Esel auf Stroh. Gloria in excelsis deo. Der Evangelist Matthäus ergänzt dieses Szenario noch mit den Weisen aus dem Osten, die einem Stern gefolgt sind und dem Kindlein in der Krippe die bekannten Geschenke bringen: Gold, Weihrauch und Myrrhe. Nach der beschwerlichen Reise von Nazareth nach Bethlehem mit der hochschwangeren Maria und der nur bedingt erfolgreichen Herbergssuche ein würdiges Happy End. Hätte Hollywood die Regie geführt, wäre der Film an dieser Stelle aus. Bei den meisten Verfilmungen der Weihnachtsgeschichte ist das auch tatsächlich der Fall.

Zum weiteren Verlauf

Gerade bei einer Predigt über eine so heikle Perikope wie die vom Kindermord in Bethlehem ist es wichtig, über die Historizität biblischer Texte zu sprechen und den eigenen Standpunkt zu diesem Thema offenzulegen.

Allerdings hatten diese Verse aus dem Matthäusevangelium eine enorme Wirkungsgeschichte in der christlichen Tradition. Die griechische Liturgie spricht von 14.000 ermordeten Knaben und manche mittelalterlichen Autoren schrieben sogar von 144.000 Opfern, obwohl es sich aufgrund der geschätzten Größe von Bethlehem zu neutestamentlichen Zeiten maximal um sechs bis zwanzig erschlagene Kinder gehandelt haben konnte, wie der deutsche Theologe August Bisping errechnete. Und bis heute wird in der römisch-katholischen Kirche und in den Kirchen der Reformation der 28. Dezember als Gedenktag der unschuldigen Kinder gefeiert, der in unserem heutigen Predigttext seinen Ursprung hat.

Sehr persönlich formulierte Erfahrungen mit diesem Fest und dem eigenen Umgang damit im geistlichen Amt tragen dazu bei, die Predigt lebendiger zu gestalten.

Wenn nun aber die Geschichte vom Kindermord nicht historisch belegbar ist, warum wurde sie überliefert? Nur um den von den Römern eingesetzten und allgemein verhassten König Herodes noch weiter zu diskreditieren? Das ist nicht ausgeschlossen. Als der amerikanische Präsident George Bush die Bevölkerung der USA auf den Dritten Golfkrieg einschwören wollte, ließ er eine geheime Umfrage durchführen, welches Verbrechen für die Menschen seines Landes am verabscheuungswürdigsten wäre. Das Ergebnis war eindeutig: Der Mord an kleinen Kindern. Kurze Zeit später wurde die Falschmeldung verbreitet, irakische Truppen hätten in Kuwait die Säuglingsstation eines Krankenhauses bombardiert. Der gewünschte Effekt trat ein und das amerikanische Volk stand hinter den Kriegsvorbereitungen.

Matthäus war aber sicher kein politischer Propagandist. Für ihn war es wichtig, herauszustreichen, dass Jesus Christus die Erfüllung der alttestamentlichen Verheißungen und Prophezeiungen war. Das ließe sich anhand der drei Beispiele aus dem Predigttext oder aus anderen vergleichbaren Bibelstellen nachweisen.

Der Evangelist ist hier also historisch nicht ganz korrekt vorgegangen, aber das war wohl auch gar nicht seine Absicht. Er wollte seine Botschaft, die gute Nachricht von Christus, das Evangelium eben, durch seine ganz bewusst gestaltete Erzählung der Lebensgeschichte Jesu weitergeben. Das ist nur legitim. Damals wie heute. Die Erzählkunst hat im Orient schon seit jeher eine große Tradition. Ein berühmtes Beispiel dafür sind die Geschichten aus dem orientalischen Sammelband »Tausendundeine Nacht«, dessen Existenz bereits für das achte Jahrhundert nachgewiesen werden kann. Wichtig ist aber zu wissen, dass Araber und Europäer die gleichen Geschichten mit ganz anderen Ohren hören. Ein Orientale würde zuerst die Frage stellen, was eine Geschichte, eine Erzählung aussagen will, während ein Europäer zuerst wissen möchte, ob sie wahr oder erfunden ist.

Möglicher Schluss

In unserem heutigen Predigttext erscheint der Engel des Herrn dem Josef genau dreimal im Traum, jeweils mit einem ganz expliziten und eindeutigen Auftrag. Das erste Mal sollte er nach Ägypten fliehen, das zweite Mal nach Israel zurückkehren und das dritte Mal nach Galiläa ziehen und in Nazareth sesshaft werden. Josef ist jeder dieser Aufforderungen kommentarlos nachgekommen und hat damit die himmlischen Aufträge erfüllt.

Das ist zu bewundern. Aber wer von uns könnte das schon in dieser Radikalität? Ich denke dann an eine Scherzfrage, die ich schon in meiner Studentenzeit gehört habe: »Warum heißt es Gebet, wenn ich mit Gott rede, aber Psychose, wenn er mit mir redet?« Aber Scherz beiseite, es stellt sich schon die Frage, ob wir einen Engel erkennen würden, der im Traum zu uns spricht. Und wenn es so wäre, ob wir dann nicht eine ganze Reihe von Rückfragen hätten, bevor wir es tatsächlich in Betracht ziehen würden, himmlische Aufträge umzusetzen. Ich frage mich, ob Abraham nicht vielleicht auch den Befehl Gottes, seinen Sohn Isaak zu opfern, besser erst einmal hinterfragen hätte sollen, anstatt gleich pflichtbewusst loszulaufen und Feuerholz zu sammeln. Ich bin mir ganz sicher, seine Frau Sara hätte das auch so gesehen! Ich frage mich auch, ob für Josef, nachdem er durch einen Engel von der Schwangerschaft seiner Verlobten und der göttlichen Vaterschaft erfahren hatte, nicht auch gewisse Zweifel angebracht gewesen wären. Vielleicht bin ich dafür zu sehr der skeptische Theologe europäischer Prägung.

Grund und Ursprung dieses Gehorsams für Abraham, Josef und viele andere Vorbilder im Glauben war wohl das schon angesprochene Urvertrauen in Gott und eine bedingungslose Liebe zu ihm. Ein solches

Vertrauen und eine solche Liebe, wie man sie sonst nur zwischen kleinen Kindern und ihren Eltern findet. Vielleicht brauchen wir auch als Erwachsene mehr davon und können von unseren Kindern und Enkelkindern lernen.

Amen.

Gestaltungsidee

In der Predigt angesprochene kontroverse Themen wie z. B. die Frage nach der Historizität biblischer Texte könnten auch durchaus von mehreren Seiten beleuchtet werden, etwa durch eine szenische Aufteilung mehrerer Standpunkte auf unterschiedliche Personen oder die Nachstellung eines klassischen Disputs in Form einer Doppelconférence.

Symbole, Aktionen

Ein Grundmotiv des Gottesdienstes ist der Kontrast zwischen der weihnachtlichen Freude und dem Predigttext, zwischen Kindermord und göttlichem Beistand, zwischen Fluchterfahrung und Erlösung.

Diese Gegensätze könnten durch eine entsprechende Lichtuntermalung z. B. während der Lesungen unterstrichen werden (ein Licht scheint in der Finsternis). Alternativ könnte die Orgel durch sanfte bzw. dramatische Hintergrundmusik die entsprechenden Stimmungen verstärken.

Kontexte und Tipps zum Text

Ein Kind mit Namen Jesus (Originaltitel: Un bambino di nome Gesù) ist ein Film aus dem Jahr 1987, der in Form einer Legende die Kindheit Jesu von Nazareth erzählt.

Otfried Preußler, Die Flucht nach Ägypten: Königlich böhmischer Teil; Ostfildern 2023. In Otfried Preußlers Roman reist die Heilige Familie durch Böhmen und wäre sehr gern dort geblieben (FAZ).

Silvester
Jes 51,4–6

Ludwig Burgdörfer

Erste Begegnung mit dem Text

Im Großen und Ganzen geht die Welt schon wieder und immer noch unter. Jeden Tag. Nachts auch. Die Nachrichten halten uns auf dem Laufenden. Die Kriegsberichterstattung kommt immer zuerst. Ukraine, Naher Osten schlagen alle anderen Zeilen. Und dann heißt es fast täglich, wir alle sollten recht kriegstüchtig werden und wenn uns das Ganze schon das Leben kostet, dann sollte das Geld doch auch dafür ausgegeben werden.

Wer von Frieden spricht, bewegt gar nichts. Waffen sind als Lösung konkurrenzlos erste und einzige Wahl. Die Welt arbeitet an ihrem Untergang, die Völker hören sich nicht zu und hören nicht auf, sich unversöhnlich der magischen Anziehungskraft des Abgrunds hinzugeben. Das Klima kennt sich mit dem Wetter nicht mehr aus·und heizt uns ein.

Und dann gibt es dazu noch den alltäglichen Weltuntergang im Kleinen, wenn einzelne Lebensläufe sich verirren, sich verlieren und sich verabschieden. Tausend Tode in allen Variationen bestimmen die Stimmungslage, machen müde und verzagt weit und breit.

Der Glücksatlas findet nur im hohen Norden noch tendenzielle Unbekümmertheit.

Bei uns nicht. Bei uns herrscht der Verdruss und die Verzagtheit. Die Wirtschaft wächst so wenig wie die Zuversicht. Kein Stern am Himmel ist der Rede wert.

Wir haben alles satt, aber von allem nicht genug. Wehe uns, wenn es dann auch noch auf Silvester zugeht. Wenn das Ende tatsächlich im Kalender steht.

Das ist ja schon immer ein spektakuläres Datum gewesen. Weihnachten mag schon atemberaubend unkalkulierbar sein, was die Überlebenschancen des Familienfriedens anbelangt. Aber dann im luftleeren

85

Raum zwischen den Jahren angekommen, verbreitet sich gelähmte Stille wie eine ansteckende Krankheit zum Tode. Zwischen Bilanz und Prognose, Rückschau und Ausblick, Erinnerung und Erwartung eingeklemmt, halten die Leute den Atem an und fragen sich, was jetzt wohl kommt, wenn sich das vertraute Dilemma verabschiedet und ein neues Jahr beginnt. Da kriegen wir die Krise nicht, die Krise kriegt uns. Und genau in dem Moment sollen wir die alte Bibel bei Jesaja aufschlagen und uns eine göttliche Anleitung zum Umgang mit der Vergänglichkeit anhören? Genauso ist es.

Bete sich, wer kann in die Obhut dessen, der jeden Weltuntergang überdauert.

Gnade uns Gott!

Exegetische Skizze

Deutero-Jesaja werden die Kapitel 40–55 des Jesajabuches zugeschrieben.

Die Stimme eines Propheten, für den wir keinen Namen haben. Sie ist wohl in der späten Phase des Exils zu hören gewesen. Der »Zweite Jesaja« ist wortgewaltig, tröstlich und unbeirrbar in seiner Zuversicht.

Und das mitten in der Krise, der Heimatlosigkeit, dem Verlust von Identität und Selbstwertgefühl eines vertriebenen und um seine Würde beraubten Volkes.

Da sitzen sie an den Ufern von Babylon und weinen. Und er mittendrin: Deportiert, entwurzelt und einigermaßen Gott los. Umzingelt von einer fremden Götterwelt.

Die ersehnte Heimkehr nach Zion-Jerusalem könnte eine Zukunftsperspektive sein, nicht nur für den traurigen Rest des Volkes Israel, sondern für den ganzen Erdkreis.

Der Heilsprophet im Unheil orakelt sich in eine Zukunft mit Heimat und Halt. Er hat eine leise Ahnung von dem, was Frieden bedeuten könnte. Shalom!

Er weiß nicht nur ein Lied zu singen von dem Gottesknecht, der Heil ins Land bringen wird. Verheißungsvoll hält der Prophet Ausschau nach dem, was uns in der Christusbotschaft einer Erfüllung entgegen strebt. Was er zu sagen hat, gilt lokal, global, überall.

Darum wendet er sich an die Völker alle. Er lässt Gott selbst zu Wort kommen mit seiner Weisung und Verheißung, die allerdings das Gericht nicht ausschließt und die Vergänglichkeit ein. Das Ganze steht nicht im Verdacht einer Utopie und schmerzfreien Allversöhnung. Unüberhörbar aber erschallt geradezu majestätisch die Gewissheit, dass Gottes Wirkungskraft und Allmacht alles Vergängliche überdauert, auch wenn Himmel und Erde vergehen und das große Sterben droht. Gottes schöpferische Kraft ist unzerstörbar ewig und bleibt für immer. Das Ganze klingt aber eher nach einem Versprechen als nach einer ultimativen Drohung mit dem unumkehrbaren Untergang. Es kommt eher wie ein unbedingter Apell daher, der dazu auffordert, auf den rechten Augen-Blick zu warten, hinsichtlich himmlischer Aussichten und Respekt vor dem Boden der Tatsachen.

Weg zur Predigt

Der Gottesdienst zum Jahresschluss kann durchaus einmal den klassischen liturgischen Rahmen verlassen. Er ist meist am Nachmittag oder Abend, er ist atmosphärisch unvergleichlich anders als alle sonstigen Gottesdienste des Jahres. Die Menschen stehen auf der Schwelle zwischen dem alten und dem neuen Jahr, die meisten haben noch eine lange Nacht vor sich, einsam oder gemeinsam. Da könnte es gut tun, auf eine klassische Predigteinheit zu verzichten und kleinere Portionen an Gedanken und Impulsen anzubieten. Dadurch »predigen« eigentlich alle liturgischen Stücke und Texte im gesamten Kontext dieser besonderen Kasualie mit. Der Predigtteil selber wird somit »nur ein Teil« der gesamten Message. (Das ist im Grunde in jedem Gottesdienst so, hier aber im Besonderen zu beachten, weil der Anlass einigermaßen einmalig ist, weil emotional höher besetzt.)
Dazwischen mit viel Musik und Atempausen. Ich entscheide mich auch dafür, nicht den ganzen Predigttext zu bedenken, sondern ein einziges Motiv von Vers 6 aufzugreifen und damit in Variationen gedanklich hin und herzugehen. Geleitet von dem Aufruf Gottes an sein Volk:
»Hebt eure Augen auf gen Himmel und schaut unten auf die Erde!«

Predigtthema

Auf die Blickrichtung kommt es an! An Silvester geht es um den Blick vom Hier und Heute auf das Morgen. Es geht darum, Ausschau zu halten nach der Zukunft, aber auch hinsichtlich all dessen, was in dem vergangenen Jahr gewesen ist. Deshalb heißt das Thema, das Motto meines Vorschlags: »Da schau her! Ich sehe alles doppelt!«
Die Predigtgedanken sollen von Musik unterbrochen jeweils mit dem Zitat des Bibelverses Jesaja 51,6 beginnen, das bei jeder Wiederholung von einem andren Ort des Kirchenraumes gesprochen werden soll. Bestenfalls jeweils von Oben und von Unten.

Vorschläge zur Liturgie

Begrüßung und Votum
Willkommen zum Silvestergottesdienst!
Was für ein Tag, was für ein Abend.
»Da schau her!« sagt der Kalender.
Es ist schon wieder vorbei.
Wie im Flug vergangen, das Jahr.
Wie sieht sie aus, die Bilanz?
Ist der Ertrag erträglich?
Und was kommt, wenn das alte Jahr geht?
Zwischen Ende und Anfang halten wir inne
und den Atem an und die Augen auf
und fragen nach Gott und der Welt,
im Großen und Kleinen, in Deinem und Meinem
und fragen nach GOTT, der unsere Zeit in seinen Händen hat.
Darum beginnen wir auch in seinem Namen:
Im Namen des Vaters und des Sohnes
und des Heiligen Geistes.
Amen.

Hinführung
Silvester (2024)
Tag der Bilanzen.
Strich drunter und zusammengezählt,

was zusammengekommen ist – summa summarum:
Glücksmomente und Schrecksekunden,
Liebeskummer und Abschiedsschmerz,
Freudentränen und Lachfalten,
Kinderleicht und schwere Not
Atempausen und Durststrecken,
Kränkungen und Krankheiten,
Fiebernächte und Tagträume,
Heuschnupfen und Hexenschuss,
Sonnenbrand und Hitzefrei,
Regenwetter und miese Laune,
kalte Nasen und warme Herzen,
Feiertag und Friedhofsruhe,
schaurig traurig und lebensfroh,
alles war, alles ist, alles geht, egal was kommt nach Silvester.
Wir schauen zurück und nach vorne
und hoffen auf Gottes guten Augenblick.

Gebet zum Eingang
Herr mein Gott!
Ich gebe dir das Jahr zurück,
das du mir anvertraut hast vor 365/366 Tagen.
Heute ziehe ich den Schlussstrich.
Du weißt, wie es gewesen ist.
Höhen und Tiefen sind dir vertraut.
Lachen und Weinen hast du gesehen.
Hilf mir jetzt zu einem versöhnten Abschied
und zu einem bedachtsamen Rückblick.
Mein Gott, ich gebe dir das Jahr zurück,
das du mir anvertraut hast vor 365/366 Tagen
und danke dir für jeden Tag.
Amen.

Psalm: Psalm des Tages 121
Alternativ:
Du leitest mich in Frieden.
Ich suche meinen Weg, mein Gott,
da höre ich deine Stimme:

Meine Gedanken sind nicht eure Gedanken.
Eure Wege sind nicht meine Wege!
So viel der Himmel höher ist als die Erde,
sind meine Wege höher als eure Wege,
meine Gedanken höher als eure Gedanken.
Aus der Höhe sendest du deine Weisung:
Wie der Regen und Schnee vom Himmel fällt
und nicht wieder dorthin zurückkehrt,
sondern die Erde feuchtet und fruchtbar macht
und Brot wachsen lässt den Menschen,
so wird das Wort meiner Weisung auch sein:
Es kommt nicht leer zurück.
Es wirkt, was mir gefällt,
und erreicht, wozu ich es sende.
Denn ihr sollt euren Weg beginnen in Freude
Und im Frieden will ich euch leiten.
Berge und Hügel sollen sich mit euch freuen
Und die Bäume in die Hände klatschen.
Das ist der Weg, den ich gehen soll,
den du mir zugedacht hast.
Ich höre dein Wort, mein Gott
und vertraue deinen Gedanken.
Jörg Zink, aus: ders.: Stern über dunklem Land, © 1980 Herder Verlag, Freiburg i.Br.

Lesungen: Pred 3 (in Auszügen); Ps 31; Lk 21,25–28

Schuldbekenntnis

Und manches sind wir schuldig geblieben,
das ist keine Frage.
Das sehen wir so und wissen es genau,
schuldig geblieben sind wir Manches –
einander,
unserem Gott
und uns selber auch.
Zu wenig aufmerksam sind wir gewesen,
ab und zu,
zu selten zugewandt,
hier und da,

zu häufig aufgebraust,
vorwurfsvoll, abfällig, lieblos
ohne es zu wollen, zu wissen, zu merken.
Einfach so passiert ist uns das.
Auf der Schwelle zu einem neuen Jahr schauen wir zurück,
sehen zum Himmel und senken den Blick auf den Boden der Tatsachen
und spüren,
dass wir am liebsten alle Last dalassen,
abwerfen, loswerden wollen.
Nichts am besten sollten wir mitschleppen
hinüber in die neue Zeit.
Versöhnt und frei sollten wir uns fühlen,
offen für neue Begegnungen
miteinander, mit Gott und mit uns selbst.
»Wir möchten gerne an der Jahreswende
den Schritt ins Neuland ohne Bürde wagen,
nicht mehr die Schuld aus den vergangenen Tagen
und nicht mehr all die ungelösten Fragen
hinübertragen,
sondern unsere Hände und unsere Augen öffnen
allem Neuen
und uns der Güte und des Friedens freuen.«
Wenn das auch Euer Gebet und Eure Bitte sein kann,
dann antwortet vor Gott mit Eurem Herzen
und sprecht laut oder leise ein »Ja«.

Gnadenzusage

Wenn Gott alles richtet, dann ist alles gut.
Er richtet alles zurecht,
was krumm und schief gelaufen ist.
Nichts müssen wir mitschleppen
vom Alten ins Neue.
Alles darf aufgehoben sein in der Liebe Gottes,
die vergibt und verzeiht und ermutigt und uns stärkt.
Alles ist Gnade.
Alles ist gut.
Das sind unsere Aussichten,
wenn wir kommen und gehen

vom Alten ins Neue.
Nichts als Himmel,
so weit das Auge reicht.

Dankgebet
Herr, wir danken dir
für jeden Menschen, dem das Lachen noch nicht vergangen ist,
für jeden Baum, der in diesem Jahr erhalten,
für jeden Politiker, der unbestechlich und ehrlich blieb.
Wir danken
für alle Häuser, die friedlich bewohnt,
für jeden Arbeitsplatz, der gerecht bezahlt,
für jeden Betrieb, der noch bestehen kann.
Wir danken für jedes Auto, das heil ankam,
für jedes Flugzeug, das gut gelandet ist,
für jede Bombe, die nicht gezündet
und für jede Rakete, die nicht produziert worden ist.
Wir danken für jedes Menschenkind, das genug zu essen hatte,
für die kleinste Münze, die der größte Geizhals gespendet hat
und für alle, die ausgezogen sind,
um für Gerechtigkeit, Frieden und die Bewahrung der Schöpfung zu
streiten.
Wir danken dir für jedes Paar, das zusammenblieb trotz Krise,
für jeden Christen, der sich einmal himmelreich fühlen konnte
und für jede Blume, die neben der Autobahn geblüht hat.
Wir danken dir für jedes Auge,
das deine Güte sah
und deine Welt angehimmelt hat.

Lieder: EG 58 Nun lasst uns gehn und treten; EG 63 Das Jahr geht still
zu Ende; EG 64 Der du die Zeit in Händen hast; EG 65 Von guten
Mächten; EG (Pfalz) 643 Fürchte dich nicht; EG 644 Meine Zeit steht
in deinen Händen; Wo wir dich loben plus (Wwdl plus) 29 Du stellst
meine Füße auf weiten Raum; Wwdl plus 30 Durch das Dunkel hindurch; Wwdl plus 42 Gib uns Ohren, die hören; Wwdl plus 44 Gott,
dein guter Segen; Wwdl plus 60 In der Stille angekommen; Wwdl plus
66 Leben aus der Quelle; Wwdl plus 68 Lobe den Herrn meine Seele;
Wwdl plus 71 Mögen sich die Wege; Wwdl plus 86 Wenn das Brot, das
wir teilen.

Vorschlag zur Predigt

Erster Blick

Irgendwas ist immer. Es kriselt unentwegt auf der Welt. So auch in diesem jetzt zu Ende gehenden Jahr und all die Jahre. Alle Jahre wieder. Schon von jeher und seit alter Zeit.

Schon zu Zeiten vor Christi Geburt war es so. Zum Beispiel für das Volk Israel. Seine Geschichte ist bis heute vor allem Krise. Und zur Zeit des Propheten, der im Namen Gottes vor mehr als 2.000 Jahren geredet hat, war auch Land unter. Sein Volk aus der Heimat in die Fremde verjagt, vertrieben ins Exil, heimatlos, hoffnungslos. Voller Heimweh und Zweifel. Angst vor der Zukunft. Weltuntergangsstimmung. Kein Stern, der leuchtet. Allen ist nur noch himmelangst.

Da kommt der Prophet und sagt in Gottes Namen, dass es Grund zur Zuversicht gibt, weil Gott die ganze Welt in seiner Hand hat. Es wird am Ende trotz allem Unheil Heil werden für das Land. Darum empfiehlt der Prophet seinen Leuten eine neue Sicht der Dinge.

Er sagt: Schaut her, ihr müsst am besten alles doppelt sehen: Einmal mit Blick nach oben und einmal mit Blick nach unten. Himmelweit und aufsehenerregend nach oben gerichtet. Das ist gut für die Körperhaltung. Denn wer zum Himmel schaut, kann den Kopf nicht hängen lassen.

Und dann sollen sie aber auch wieder mit ihrer ganzen Aufmerksamkeit erdennah ein Auge für ihre Umgebung haben, sich auf dem Boden der tatsächlichen Tatsachen orientieren und zurechtfinden. Also: Alles doppelt gut sehen und verstehen. Durchschauen, was Gott will.

Doppelt gesehen gibt es die Sterne und die Gassen, die Weite und die Enge, den Himmel und die Erde, die Unendlichkeit und die engen Grenzen.

Alles zusammen sollt ihr sehen. Richtet der Prophet im Namen Gottes aus und sagt:

Ihr sollt die Köpfe nicht hängen lassen und nach oben schauen. Himmelhoch hinaus sollt ihr vorausschauend sein, mit guten Aussichten in die Zukunft mit Hoffnung und Zuversicht.

Weil Gott da ist und um Himmels willen das Beste für euch alle will.

Aber dann werdet bitte nicht zum »Hans guck in die Luft«, sondern schaut euch um.

Habt ein Auge für das, was um euch herum passiert.

Überseht einander nicht. Übt die Liebe auf den ersten oder zweiten Blick.

Genießt euer gegenseitiges Ansehen. Zwinkert euch zu und macht euch schöne Augen.

Kurzum sagt Gott, hört, was ich euch sage:
Stimme: »Hebt eure Augen auf gen Himmel – und schaut unten auf die Erde!«

Lied/Musik

Zweiter Blick
Stimme: »Hebt eure Augen auf gen Himmel und schaut unten auf die Erde!«

»Kopf hoch!« sagt Gott zu allen, die niedergeschlagen sind. Damals wie heute sollen die Menschen nicht nur auf die Not des Augenblicks starren, sondern über den Tellerrand hinausblicken. »Jetzt macht aber mal einen Doppelpunkt!« sagt er und bringt die schwankenden Seelen ins Gleichgewicht. Man muss nicht gleich abheben, wenn man nach Gott Ausschau hält. Aber nach ihm zu fragen und zu suchen, ihn zu vermissen in dieser Welt, das verändert die Stimmung. Mit Gottes Gegenwart in wechselnden Zeiten zu rechnen, das ist nicht zu kurz gedacht, das weitet den Blick, das öffnet die Perspektive, das rechnet mit mehr als dem, was jetzt ist und sich breit macht.

Wenn jemand himmelhohe Erwartungen hat, dann lässt das tief blicken. Dann können wir optimistisch alles für möglich halten und trotzdem realistisch alles Unmögliche in den Blick nehmen und bedenken. Und das ganz unverschämt, also ohne uns dafür zu schämen, dass wir ganz viel von Gott für die Zukunft im Neuen Jahr erwarten und erstreben.

Dann können wir es aushalten, schonungslos auch das Abgründige und Bodenlose der Gegenwart anzuschauen, ohne dabei den Glauben an Gottes unfassbare Möglichkeiten zu verlieren. Können Übersicht und Umsicht üben, Zuversicht und Absicht proben, Absehen und Zusehen lernen. Und damit ganz hoch hinaus wollen mit unserem Glauben, Hoffen und Lieben. Weil eben die Bäume doch bis in den Himmel wachsen. Wohin denn sonst?

Stimme: »Hebt eure Augen auf gen Himmel und schaut unten auf die Erde!«

Lied/Musik

Himmelsblick

Jetzt wird es Zeit, dass wir uns endlich für das neue Jahr »das Blaue vom Himmel« versprechen. Darum sind wir ja eigentlich überhaupt nur hier zusammengekommen. Gottesdienste finden eigentlich nur aus diesem einzigen Grund immer wieder statt.
Und an Silvester erst recht! Sie sollen Zeit und Raum schenken, um sich das Blaue vom Himmel zu versprechen. Und das nicht in dem sprichwörtlichen negativen Sinn, dass wir uns was vormachen mit leeren Versprechungen. Ganz im Gegenteil. Gottes Himmel ist nämlich nicht grau, sondern blau. Vielversprechend sind seine Zusagen. Zukunftsträchtig und wegweisend seine Weisungen, wenn er uns heute zuruft:

Stimme: »Hebt eure Augen auf gen Himmel und schaut unten auf die Erde!«

Mit Jesus ist ja der Himmel auf die Erde gekommen. Auf der Suche nach guten Aussichten müssen wir uns nicht länger das Genick verrenken und vergeblich suchen nach Zukunft und Halt. Gott hat mit Jesus den Himmel mit der Erde zu einem Ganzen gemacht.
Der Himmel fängt hier an, wo wir uns anhimmeln, und er hört dort nicht auf, wo uns Gottes ewige Heimat erwartet. Gottes Welt wird niemals untergehen, sondern wird aufblühen und über sich hinauswachsen und über alles, was uns runterziehen und kleinmachen will. Jesus kommt herunter in unsere Verhältnisse, wird Mensch mit allem, was dazugehört an guten wie schlechten Zeiten, mit Freud und Leid, Liebeskummer und Lebensfreude, Abschied und Neuanfang. Und dann aber zieht er uns mit seiner österlichen Lebenserwartung für immer und ewig in die Höhe. Wir werden aus dem Staunen nicht mehr herauskommen. Wir werden noch Augen machen, wenn wir dem Vorkämpfer und Pionier der himmlischen Hoffnung folgen. In jeder Gemeinde, in jeder Beziehung, in jedem Dorf und jeder Stadt wird sich die Zuversicht mit Gottes Hilfe ausbreiten, wie eine ansteckende Gesundheit. Im Horizont des Himmels werden wir einen neuen Hoffnungsschimmer

für die leidgeprüfte Erde sehen. Heute recken und strecken wir uns aus zum Himmel, stellen uns auf die Zehenspitzen der Zuversicht, machen den Kirchturm zum Aussichtspunkt auf das gelobte Land mit Heiland und Gottvertrauern. Wir versprechen uns das Blaue vom Himmel, hell und lichtdurchflutet gegen alle Weltuntergangsstimmung und Niedergeschlagenheit. Wir gehen aus dem alten Jahr in das neue mit dem Versprechen Gottes, dass uns der Himmel blüht, wenn wir die Erde lieben. Wenn wir uns mit Jesus dem Himmelsstürmer verbunden wissen, dann haben wir den Gott auf unserer Seite, der Himmel und Erde gemacht hat. Der wird nicht aufhören, für uns da zu sein. Darum heißt es in einem neueren Kirchenlied so:
»Weißt du, wo der Himmel ist,
außen oder innen?
Eine Handbreit rechts und links,
du bist mittendrinnen.

Weißt du, wo der Himmel ist?
Nicht so tief verborgen!
Einen Sprung aus dir heraus,
aus dem Haus der Sorgen.

Weißt du, wo der Himmel ist?
Nicht so hoch da oben!
Sag doch JA zu dir und mir,
du bist aufgehoben!«
Wilhelm Wilms

Neujahr
Jos 1,1–9

Dorothee Wüst

Erste Begegnung mit dem Text

Ich weiß nicht, wie oft ich schon Josua war. Am Ufer eines Flusses. Verschiedene Flüsse. Jeder einzelne eine letzte Barriere. Eine letzte Grenze. Zu unbekannten Ufern. Zu einem Neuanfang. Neuanfänge sind ambivalent, janusköpfig, grenzwertig. In jeder Hinsicht. Das Neue lockt. Das Alte hält. Ich mochte das Alte. Ich kannte das Alte. Aber es ist alt. Es lässt sich nicht halten. Das Leben setzt mich ans Ufer. Mit Blick auf das Neue. Auf Neuland. Ich werde Neuland betreten. Aber vorher muss ich über einen Fluss. Den Fluss meiner Ängste, Erinnerungen, Bedenken, Fragen, Widerstände, Unsicherheiten, Sehnsüchte. Flüsse reißen mit, reißen Füße weg. Die sich so sehr nach festem Grund sehnen. Boden, Fundament, Anker. Etwas, was trägt und hält. Aber nicht festhält, aufhält, weghält. Ich sitze am Ufer eines Flusses. Blicke auf Neuland. Ich bin Josua. Zerreibe zwischen meinen Fingern die alte Wüstenerde, die mir Heimat war. Suche den Fluss ab nach der Furt, die mir Sicherheit gibt. Blicke auf das andere Ufer, das im Nebel liegt. Was wird es bringen?

Exegetische Skizze

Inhaltlich schließt das Buch Josua an den Exodus und die Wüstenwanderung des Volkes Israel an. Vierzig Jahre soll sie gedauert haben. Will sagen: Niemand, der Ägypten verlassen hat, kommt am Ziel an. Auch Mose nicht. Es ist eine neue Generation, die mit Josua am Ufer des Jordan lagert. Josua selbst ist ein neuer Anführer, der mit neuen Herausforderungen umzugehen hat. Neben Milch und Honig warten auf die Neuankömmlinge Konflikte mit den Alteingesessenen, bei denen es nie um friedliche Koexistenz, sondern immer um Sieg oder Niederlage geht. Am Ende ist das Land erobert, wird unter den Stämmen verteilt.

Das Buch schließt mit einem Bund der Stämme und dem Bekenntnis zu Gott, der hält, was er verspricht. Josua hat seine Schuldigkeit getan und stirbt im biblischen Alter von hundertzehn Jahren. So jedenfalls will es die biblische Überlieferung dieses Kapitels der Geschichte Israels, die oft als »Landnahme« bezeichnet wird. Wahrscheinlicher ist die über Generationen dauernde Ansiedlung von halbnomadischen Stämmen, die mancherorts in friedlicher Koexistenz mit der ansässigen Bevölkerung gelang, andernorts zu ethnischen Auseinandersetzungen führte. Das Buch Josua hat nun aber auch keinerlei historisches Interesse, sondern will national-religiöse Identität stiften, begründen und befördern. Das wäre ein Thema für sich, aber nicht am Neujahrstag. Da blicken wir mit Josua auf die Zukunft als Land der Verheißung, aber nicht jenseits aller Realität. Auch dieses Jahr wird alte Probleme und neue Chancen bringen. Und wir beginnen es mit Josua und seinem Vertrauen in einen Gott, der mit Menschen durch die Geschichte geht.

Weg zur Predigt

Die Jahreswende erleben viele Menschen als eine hochemotionale Zeit. Die einen stürzen sich in feuchtfröhliche Feierlaune, die anderen verkriechen sich bewusst. Jahresrückblicke führen noch einmal vor Augen, welche Wüstenerfahrungen und Oasenmomente hinter uns liegen. Und mit dem ersten Tag des Jahres ist noch dem letzten klar, dass es ja gar keine Alternative gibt. Der Fluss der Zeit nimmt uns mit, ob wir wollen oder nicht, und spült uns an neue Ufer. Mit altem Gepäck und neuen Hoffnungen. Die Figur des Josua nimmt all das auf, bildet die Projektionsfläche und den Resonanzraum für vieles, was ewig und aktuell, was kollektiv und individuell umtreibt. Mit ihm sitzen wir am Ufer, mit ihm werden wir am Ende weitergehen. Und wenn es gelingt, gehen wir anders und ziehen fröhlich unsere Straße – um es mit einer anderen biblischen Geschichte zu sagen.

Predigtthema

Gott geht mit uns durch die Geschichte und durch unsere Geschichten.

Vorschläge zur Liturgie

Hinführung und Votum

Ein neues Jahr.
Was wird es bringen?
In diesem Gottesdienst nehmen wir uns Zeit.
Für die Zeit.
Für Vergangenheit, Gegenwart und Zukunft.
Für Ängste und Hoffnungen, für Sehnsüchte und Perspektiven.
Für das Heute und das Morgen.
Für unsere Zeit.
Die wie alle Zeit in Gottes Hand liegt.
In seinem Namen feiern wir Gottesdienst.
Im Namen Gottes, der derselbe ist von Ewigkeit zu Ewigkeit.
Im Namen Jesu Christi, der als Bruder mit uns durch die Zeit geht.
Im Namen des Heiligen Geistes, der uns Himmelsmacht und Rücken-
wind ist. Amen.
Quelle unbekannt

Moderner Psalm (Uwe Seidel nach Psalm 31):

Ich verlasse mich auf den Herrn und auf seine Gedanken.
In deine Hände lege ich voll Vertrauen mein Leben.
Manchmal denke ich, du hast mich aus den Augen verloren.
Doch dann hörst du meine Fragen,
wenn ich um Hilfe rufe und ratlos bin.
Du nimmst dich meiner Unsicherheit an
und lässt mich nicht verloren gehen.
und wenn mich die anderen festnageln,
befreist du mich mit deiner Kraft.
Mein Herz ist stark und unverzagt.
Du hast mir den Sack der Trauer ausgezogen
und mich mit Freude umgeben.
Meine Zeit steht in deinen Händen
und mein Leben liegt in deiner Hand.

Uwe Seidel, Meine Zeit in deinen Händen (Psalm 31), aus: Hanns Dieter Hüsch/Uwe
Seidel, Ich stehe unter Gottes Schutz, 2018/16, © tvd-Verlag, Düsseldorf 1996, 138

Eingangsgebet

Am Beginn dieses Jahres
gehen unsere Gedanken zu dir, Gott:
Wir glauben dich auf unserem Weg.
An diesem Neujahrstag
suchen wir deine Nähe, Gott:
Wir glauben dich an unserer Seite.
In dieser Gottesdienststunde
hören wir deinen Ruf, Gott:
Wir glauben dich in unserer Mitte.
Die Zeit zwischen gestern und morgen
leben wir im Vertrauen auf dich, Gott:
Wir glauben uns in deiner Hand geborgen.
Amen.

nach Christel Voß-Goldstein, aus: Der Gottesdienst. Liturgische Texte in gerechter Sprache, Bd. 1: Der Gottesdienst, hg. von Erhard Domay und Hanne Köhler, Gütersloh 1997, 173

Lesung: Alternative zu rein biblischer Lesung: Ereignisse des vergangenen Jahres im Wechsel mit Röm 8,38–39 als eine Art »Kehrvers«

Fürbittgebet

Gott, du bist bei uns, was immer wir auch tun.
An dich wenden wir uns am Beginn eines neuen Jahres mit allem, was wir auf dem Herzen haben.
Wir bringen vor dich unsere Ängste und unsere Hoffnungen.

Wir bitten für alle Menschen in der ganzen Welt, die ihre Heimat verlassen müssen, die sich aufmachen auf einen Weg ins Ungewisse, weil sie um ihr Leben fürchten oder bitterer Not entkommen wollen.
Wir bitten für jene, die als Geflüchtete zu uns kommen in der Hoffnung auf Sicherheit und ein besseres Leben.

Nichts wird uns trennen von Gottes Liebe. Gott sei mit uns in allem, was wir tun.

Wir bitten dich für alle Menschen, die um den Frieden ringen in einer friedlosen und gewalttätigen Welt und daran immer wieder verzweifeln.

Wir bitten für jene, die Opfer von Gewalt werden und darunter leiden –
an Körper und Seele.

*Nichts wird uns trennen von Gottes Liebe. Gott sei mit uns in allem, was wir
tun.*

Wir bitten dich für alle, die uns im vergangenen Jahr Gutes getan
haben, die uns getröstet, uns froh gemacht oder beschenkt haben.
Wir bitten auch für die, die schuldig an uns geworden sind und denen
wir jetzt noch nicht vergeben können.

*Nichts wird uns trennen von Gottes Liebe. Gott sei mit uns in allem, was wir
tun.*

Wir bitten dich für alle, die wir geliebt haben und von denen wir
Abschied nehmen mussten. Dir vertrauen wir sie an in Ewigkeit.
Wir bitten dich für alle, die dieses neue Jahr bedrückt und traurig beginnen. Gib ihnen Hoffnung ins Herz.

*Nichts wird uns trennen von Gottes Liebe. Gott sei mit uns in allem, was wir
tun.*
Quelle unbekannt

Lieder: EG 58 Nun lasst uns gehen und treten; EG 61 Hilf, Herr Jesu,
lass gelingen; EG 65 Von guten Mächten; EG 171 Bewahre uns, Gott; EG
258 Zieht in Frieden eure Pfade; EG 361 Befiehl du deine Wege; EG 378
Es mag sein, dass alles fällt; EG 395 Vertraut den neuen Wegen; EG 644
(Pfalz) Meine Zeit steht in deinen Händen;
aus dem Liederbuch »Wo wir dich loben, wachsen neue Lieder plus«
(München 2018): 71 Mögen sich die Wege vor deinen Füßen ebnen; 74
Schalom, schalom, der Herr segne uns; 116 Da wohnt ein Sehnen tief
in uns; 128 Du lässt uns nicht ins Leere laufen; 167 Keinen Tag soll es
geben; als Lied nach der Predigt: 161 Ich verlass dich nicht

Vorschlag zur Predigt

Möglicher Anfang

Liebe Gemeinde,

da sitzt er am Ufer des Flusses. Ein Mann in mittleren Jahren. Was hat er schon alles mitgemacht in seinem Leben? An Ägypten hat er keine Erinnerung. Sein Leben ist ein Wandern durch die Wüste. Als Mose auf den Gottesberg steigt und mit zehn Geboten wiederkommt, ist Josua mit von der Partie. Sozusagen als Assistent des großen Freiheitskämpfers Mose, der kurz vor dem Ziel bei Gott in Ungnade fällt. Nun fällt die Wahl auf ihn, auf Josua. Er soll mit dem Volk den letzten Schritt wagen. Über den Fluss hinein ins Gelobte Land. Wo Milch und Honig fließen. Wo die Weintrauben so dick wie Kindsköpfe sind. Wo die Wüste irgendwann nur noch eine schattenhafte Erinnerung sein wird.

Warum sitzt er da am Ufer des Flusses? Das Ziel der Reise ist zum Greifen nah. Was hält ihn auf? Sein Gesicht ist ein Spiegel seiner Gefühle. Ich sehe die Hoffnung, die ein ganzes Volk über Generationen bei der Stange gehalten hat. Die Hoffnung auf eine bessere Zukunft. Die Hoffnung darauf, dass die Kinder und Kindeskinder nicht mehr den Staub der Wüste fressen müssen, sondern frisches Brot auf dem Teller haben. Natürlich teilt Josua diese Hoffnung. Auch ihn hat sie angetrieben auf diesem langen Marsch durch die Ödnis.

Jetzt sitzt er hier an diesem Fluss. Und neben der Hoffnung spürt er Angst in seiner Seele. Was wird das neue Land bringen? Wird es eine bessere Zukunft sein? Am anderen Ufer sieht er Menschen, die Felder bewirtschaften. Am anderen Ufer sieht er Menschen, die fröhlich ihrer Arbeit nachgehen. Das Gelobte Land. Milch und Honig, Riesentrauben und frisches Brot. Und eine Menge Menschen, die bereits Anspruch darauf erheben. Werden sie willkommen sein? Wird das Volk Israel willkommen sein? Oder folgt auf den Kampf gegen die Wüste der Kampf um den Acker? Um Milch und Honig und Trauben und Brot? Josua senkt den Kopf. Bilder der Vergangenheit steigen in ihm auf.

Der Großvater, der noch Steine für den Pharao geschleppt und dabei seine Gesundheit ruiniert hat. Der Vater, der immer in der ersten Reihe saß, wenn Mose sprach, und dennoch wie alle anderen ums goldene

Kalb tanzte. Seine Schwester, die den Weg durch die Wüste nicht über-
lebt hat. Und die Mutter, die so dankbar Manna und Wachteln sam-
melte und so klaglos in allem Gottes Willen erkennen konnte. Und er
selbst: Hin- und hergerissen zwischen Bewunderung für Moses, den
großen Anführer, und dem leisen Zweifel, dass das Gelobte Land doch
nur eine Illusion ist. Jetzt liegt es vor ihm, das Gelobte Land. Aber die
Vergangenheit lässt sich nicht so einfach abstreifen.

Zum weiteren Verlauf

Josua memoriert die Wüstenjahre, die am Ufer des Flusses nicht verschwinden, sondern im Gepäck sind, das mit in die Zukunft geht und
Einfluss hat auf die Gestaltung von Zukunft.
Welche Erfahrungen muss ich hinter mir lassen, um mich ernsthaft
auf Neues einlassen zu können? Welche Erfahrungen nehme ich mit,
weil sie mich klüger, resilienter, erfahrener, routinierter, souveräner im
Umgang mit Neuem machen?
Jede Schwelle ist ein Bilanzieren, eine Bestandsprüfung meines Lebens-
rucksacks, der mit den Jahren immer voller wird. Den auch das vergan-
gene Jahr voller gemacht hat.
In unserem privaten Leben haben wir freudvolle und belastende Dinge
erlebt (z. B. neue Arbeitsstelle, Zerbrechen von Partnerschaft, Auszug
von erwachsenen Kindern, Knieoperation, neue Liebe, Geburt eines
Enkelkindes, Heiratsantrag auf dem Riesenrad, Krebstod eines engen
Freundes).

Aber auch die Welt trägt ihre Last, ihren Rucksack (Beispiele aus den
Ereignissen des zurückliegenden Jahres, der zurückliegenden Jahre).

Die Erinnerung an das, was uns privat widerfährt und was uns als Welt
prägt, lassen wir nie komplett zurück, sie geht mit uns und hat Einfluss
darauf, wie wir die Zeit gestalten. Wie bei Josua. Die Jahre der Sklaverei
und der Wüste gehen mit ins Gelobte Land, sind und bleiben im Rei-
segepäck. Es ist an Josua, ob sie wie Blei wiegen und lähmen oder wie
Proviant nähren und motivieren.

Es ist nicht nur an Josua, es ist auch an Gott. Und der weiß das. Weil
er sich einschaltet, ins Spiel bringt, ins Spiel des Lebens. Gott ist nicht
fern, er sitzt mit Josua am Ufer des Flusses, weiß um das Gewicht der

Geschichte, die er mit sich trägt, weiß um die Angst, die ihn am Gehen hindert, weiß um seine Einsamkeit, Verlorenheit, Zaghaftigkeit, Mutlosigkeit, Kleingläubigkeit. Und macht nichts anderes als Mut. Hakt sich unter, zieht Josua empor, streift ihm den Staub der Wüste von der Hose, reicht ihm seinen Rucksack und geht los. Ins Neue.

Und Josua? Geht mit. Geht los. Geht voran. Geht nicht allein. Geht nie allein. Gott geht mit. Und so geht's. So geht Leben. In der Wüste. Über den Fluss. Ins neue Land. Gott befohlen.

Möglicher Schluss

Auch ich schultere meinen Rucksack voller Erinnerungen und mache mich auf. Nicht in ein neues Land, aber in ein neues Jahr. Noch verharre ich auf der Schwelle, aber dort werde ich nicht bleiben. Dort kann ich nicht bleiben. Denn ähnlich wie für Josua gibt es ja auch für mich keinen Weg zurück. Die Vergangenheit kommt nicht wieder, die Gegenwart wird vorübergehen, die Zukunft ist das Land, das auf mich wartet. Ein bekanntes Land, ein unbekanntes Land.

Natürlich wird auch in diesem Jahr manches sein wie immer. Ich werde die Fenster putzen, die Reifen an meinem Auto wechseln, die Steuererklärung machen. Ich werde Alltag leben. Ich werde rennen und ruhen, weinen und lachen. Aber warum ich renne und wie ich zur Ruhe komme, worüber ich weine und mit wem ich lachen werde: Wer will das heute sagen? In all dem Bekannten verbirgt sich so viel Neues und Unbekanntes. Und da geht es mir wie Josua: An der Schwelle zu einem neuen Jahr spüre ich die gemischten Gefühle. Riesentrauben oder schrumpelige Rosinen, Milch und Honig oder doch nur Essig und Galle? Was wird dieses Jahr bringen? Mir, Ihnen, dem Rest der Welt?

Wie Musik klingt Gottes Wort in Josuas Ohren: »Ich verlass dich nicht, verlass dich drauf«, hört Josua. »Ich bin mit dir bei allem, was du tust.« Starke und stärkende Worte, die durch die Jahrtausende klingen – bis zu uns an der Schwelle zu einem neuen Jahr. Ein klarer Ton der Zuversicht, der durch die Realität trägt. Gott lässt uns nicht fallen, er verlässt uns nicht. Er ist bei uns in allem, was wir tun, was uns widerfährt. Josua muss aufstehen, muss seinen Weg gehen, wird seinen Weg gehen. Aber er kann es. Weil er es nicht einsam und allein tut. Und wir tun es auch nicht.

Wie Josua betreten wir das bekannte unbekannte Land Zukunft. Wir werden um Frieden ringen und neuen Unfrieden erleben, unser Herz wird jubeln und unsere Seele wird leiden, wir werden uns an Erfolgen freuen und an den Niederlagen knabbern. Wir werden leben. Mit Gott an unserer Seite: »Ich bin mit dir bei allem, was du tust.« Ich, dein Gott, bin die Stimme, die dir immer wieder sagt, dass du nie, aber auch nie allein bist. Weil ich mit dir bin in Milch und Honig, in Essig und Galle, in jedem Moment deines Lebens.

Es wird Zeit. Das neue Jahr wartet. Wir packen zusammen, stehen auf, krempeln die Ärmel hoch, schultern unser Gepäck, machen uns auf den Weg. Ermutigt von Gott: »Ich verlass dich nicht, verlass dich drauf.« Amen.

Alternative Idee:
Josua spricht seine Rolle aus der Ich-Perspektive, immer wieder korrespondierend mit den Worten des Predigers, der Predigerin, in denen Josuas Geschichte in den Kontext unserer Gegenwart gestellt wird.

2. Sonntag nach dem Christfest
1 Joh 5,11–13

Christine Jacobi

Erste Begegnung mit dem Text

Der Text wirkt unmittelbar, prägnant und eindringlich. Wiederholungen fallen auf, die um das Thema »Sohn und Leben« kreisen. Vers 11 und 13 bilden einen Rahmen um V. 12. Sie vergewissern: Gott hat uns das ewige Leben gegeben. Dessen dürfen wir, die wir angesprochen sind, gewiss sein.

Was mich erstaunt und zugleich irritiert, ist V. 12. »Wer den Sohn hat, der hat das Leben«, so der erste Teilvers. Das (ewige) Leben ist also kein zukünftiges Hoffnungsgut, sondern wir können es schon jetzt und hier gewinnen! Eine ungeheure Verheißung. Leben haben, ewiges Leben sogar, das ist etwas, das ich kaum zu wünschen wage. Der *zweite* Teilvers stellt demgegenüber fest: »Wer den Sohn nicht hat, der hat das Leben nicht.« Das könnte beinahe eine Drohung sein. Heute betonen wir oft nur die positive Seite des Glaubens. Dass auch *fehlender* Glaube Konsequenzen haben könnte, sparen wir aus. Hier aber wird ganz klar demjenigen das Leben abgesprochen, der »den Sohn Gottes nicht hat«. Und von hier aus gelange ich zu der Frage: Was heißt es eigentlich, den »Sohn zu haben«? »Habe« ich denn den Sohn? Natürlich kann ich Mutter oder Vater eines Sohnes sein, aber das ist hier nicht gemeint. Den Sohn haben und das Leben haben sind parallele Formulierungen. Sie haben also auch etwas Inhaltliches gemeinsam. Aber was könnte das sein? Darauf eine Antwort zu finden, scheint auch deshalb so wichtig, weil der knappe, nicht näher ausgeführte Vers 12 geradezu wie ein Bekenntnis wirkt. Hier geht es um nichts Geringeres als den Kern christlichen Glaubens.

V. 13 bringt etwas Licht ins Dunkel, denn »den Sohn haben« könnte bedeuten, »an seinen Namen zu glauben«. Trotzdem bleibt insgesamt der Eindruck, dass ein Bindeglied zur Erklärung des Textes fehlt. Was ist der »missing link«, der den Ausdruck »den Sohn haben« für mich verständlich macht?

Exegetische Skizze

Der Abschnitt 1 Joh 5,11–13 greift auf den Briefanfang 1 Joh 1 zurück. Bereits zu Beginn des Briefes ist vom Erscheinen des Lebens unter den Menschen die Rede – desjenigen Lebens, das zuerst beim Vater war. Die Briefautoren, eine »Wir-Gruppe«, bezeugen, dass sie das Leben nicht allein gesehen und gehört, sondern sogar mit ihren Händen betastet haben. Es ging vom Vater aus und hat sich den Menschen offenbart – und zwar vollständig, ohne etwas zurückzuhalten, bis hinein in eine sinnliche Wahrnehmbarkeit. Im wahren Wortsinn »begreifbar«. So wird der Ausdruck »den Sohn haben« etwas anschaulicher – man kann den Sohn berühren und betasten. Auf diese Offenbarungserfahrung zielt auch der Wochenspruch für den 2. Sonntag nach dem Christfest aus Joh 1,14b:»Wir sahen seine Herrlichkeit, eine Herrlichkeit als des eingeborenen Sohnes vom Vater, voller Gnade und Wahrheit.«

Auch andere Stellen im Brief geben Aufschluss darüber, was mit »den Sohn haben« bzw.»das Leben haben« gemeint sein könnte, z. B. 1 Joh 3,14 f. Dort heißt es:»Wir wissen, dass wir aus dem Tod in das Leben hinübergegangen sind; denn wir lieben die Brüder. Wer nicht liebt, der bleibt im Tod. Wer seinen Bruder hasst, der ist ein Mörder, und ihr wisst, dass kein Mörder das ewige Leben bleibend in sich hat.« Hieran ist zweierlei aufschlussreich: Erstens die Wendung »aus dem Tod in das Leben hinübergegangen«. Das ewige Leben erscheint an dieser Stelle als ein Bereich, in den wir schon jetzt eintreten können. Und nicht nur das, wenn wir uns in diesem Lebensbereich aufhalten, haben wir auch das ewige Leben *in* uns. Wir sind also nicht nur äußerlich von ihm umgeben, sondern auch innerlich von ihm erfüllt, und das schon jetzt, inmitten unseres irdischen Lebens! Der Gegensatz dazu ist der Bereich des Todes. Es gibt nur diese zwei, den Lebensbereich und den Todesbereich. Die zweite wichtige Beobachtung liegt darin, dass sich das ewige Leben in der Liebe der Menschen zeigt und manifestiert. Das ewige Leben *habe* ich, wenn ich meinen Mitmenschen liebe. Umgekehrt bleibe ich dem Leben fern und halte mich im Todesbereich auf, wenn ich meinen Bruder oder meine Schwester hasse. Dann verneine ich ihr oder sein Leben, und damit auch mein eigenes. Urbild menschlicher Liebe ist Gottes Liebe zu den Menschen. Sie verdichtet sich in Jesus, seinem Sohn (vgl. 1 Joh 4,9 f.).

Auch 1 Joh 4,16 weist in diese Richtung: »Wir haben die Liebe, die Gott zu uns hat, erkannt und gläubig angenommen. Gott ist die Liebe, und wer in der Liebe bleibt, bleibt in Gott und Gott bleibt in ihm.« Auch hier treffe ich auf den Gedanken, dass es einen Bereich gibt, der für mich lebensförderlich ist und in dem ich bleiben und der in mir bleiben kann. Der oder die Verfasser des 1 Joh umschreiben ewiges Leben als ein Bleiben in der Liebe, als ein Aufblühen der Liebe zueinander, genährt und inspiriert durch das Erscheinen des Sohnes Gottes inmitten der Menschen – sichtbar, hörbar, betastbar. Sie erkennen die Liebe Gottes mit allen Sinnen, und sie können sie von nun an weitergeben. »Den Sohn haben« bedeutet dann, die Liebe Gottes zu spüren und sie weiterzugeben. Und diese Liebe lässt den Menschen den Todesbereich überschreiten und in den Bereich des Lebens eingehen.

Von der Gemeinschaft, die eine solche Liebes- und Lebensphilosophie hervorbrachte, ist bekannt, dass sie unter Bedrängnissen und Anfechtungen ihrer Umwelt litt. Vor allem setzte sie sich mit anderen christlichen Gruppen auseinander, die ein abweichendes Verständnis vom Christsein und vom Bekenntnis zu Jesus Christus hatten. Hier muss es zu einem tiefgreifenden Konflikt und gegenseitigen (?) Verurteilungen gekommen sein. Das erklärt die heftige Polemik im 1. Johannesbrief. So ist vom »Antichristen«, von falschen Propheten und »Lügnern« die Rede (vgl. 1 Joh 2,22; 4,1.3), die ursprünglich von der Gemeinde ausgingen. Angesichts solcher scharfen Auseinandersetzungen bedürfen die Adressatinnen und Adressaten des Briefes offenbar einer Vergewisserung ihrer Glaubenspraxis und ihrer Überzeugungen. Sie brauchen eine innere Stabilisierung ihrer Identität. Das ist die andere Seite des Briefes: Die Liebe, von der in ihm die Rede ist, ist nichts Beliebiges und Undefiniertes. Sie hat vielmehr etwas klar Abgegrenztes, nämlich wenn es um das Bekennen zu Jesus Christus als der sichtbaren, fleischgewordenen Liebe Gottes geht, und wenn es darum geht zu erkennen, dass der Mensch nicht sündlos ist, sondern der Vergebung bedarf (1 Joh 1,8–10). Beides gehörte der festen Überzeugung der Briefverfasser zufolge zum Christsein dazu.

Der Zuspruch in 1 Joh 5,13, dass die angesprochenen Adressatinnen und Adressaten schon jetzt das ewige Leben haben, widerspricht zudem der realen Gemeindesituation. Die johanneischen Christen sind eine bedrohte Minderheit, sie werden verfolgt, ihr Leben ist unter

Umständen in Gefahr (vgl. 1 Joh 3,16). Sie des ewigen Lebens schon jetzt zu vergewissern, steht deshalb in eklatantem Kontrast zu ihrem unmittelbaren Erleben und ihrer Erfahrungswelt. Aber für den oder die Verfasser des Briefes ist klar: Dem ewigen Leben kann auch der physische Tod nichts anhaben.

Die spezifische Formulierung »den Sohn haben« erinnert an die typisch johanneische Rede von der reziproken Immanenz, die auch in der schon zitierten Textstelle 1 Joh 4,16 begegnet (vgl. außerdem Joh 14,20: »An jenem Tage werdet ihr erkennen, dass ich in meinem Vater bin und *ihr in mir und ich in euch.*«). Anknüpfend an diese johanneische Vorstellung vom Sein der Glaubenden in Christus und Christus in den Glaubenden entstanden in der vorreformatorischen Mystik und später auch in der lutherischen Orthodoxie und im Pietismus Frömmigkeitsformen, die eine persönliche Beziehung des Ich bzw. der Seele des Menschen zu Jesus ins Zentrum stellten. Ausdruck dessen sind zahlreiche Texte und Lieder aus diesen Zeiten, von denen einige auch Eingang ins Evangelischen Gesangbuch gefunden haben. Zu ihnen gehört etwa EG 631 »Jesu, meiner Seele Leben« von Christian Scriver, einem lutherischen Kirchlieddichter und Wegbereiter des Pietismus. Der Kehrvers dieses Liedes »Ich bin dein, und du bist mein / ich will keines andern sein« beschreibt die innige Wechselbeziehung zwischen dem Glaubenden und Jesus gleichsam wie einen gegenseitigen inneren Besitz.

Weg zur Predigt

Der Predigttext enthält mehrere Themen, die entfaltet werden könnten. Das »Haben« des Sohnes als Ausdruck einer innigen Beziehung, die wahres, vollkommenes Leben schenkt, ist eines der Themen (1). Ein anderes fokussiert das »ewige Leben« selbst (2). Das ewige Leben ist Zielpunkt des bekenntnisartigen V.12 im Zentrum des Textes. Im 1. Johannesbrief werden beide Themen zusammengeführt und damit ein Weg beschritten, den auch die Predigt mitgehen kann. Alternativ kann sie bei einem der beiden Themen bleiben und es ausführlich ausloten.

(1) »Jemanden« / »einander haben« ist Teil der Alltagssprache: Freunde oder Liebespaare sprechen zuweilen davon, einander zu »haben«. Die

Formulierung veranschaulicht, dass man darauf vertrauen kann, vom anderen gestärkt zu werden und so die Herausforderungen des Lebens bestehen zu können. Und dass man sich vielleicht auch selbst besser fühlt, wenn man für den oder die andere ein Halt sein kann. Das stiftet Sinn. »Jemanden« bzw. »einander haben« drückt die Dankbarkeit füreinander aus.

(2) Das ewige Leben ist ein Sehnsuchtsgut. So steht in Prediger 3,11a: »Gott hat alles schön gemacht zu seiner Zeit, auch hat er die Ewigkeit in ihr (der Menschen) Herz gelegt.« Die Ewigkeit liegt in unseren Herzen, als eine Sehnsucht und ein Verlangen. Ein Wunsch, den wir uns heute meist verbieten, weil wir in einem rational-naturwissenschaftlich geprägten Weltbild dafür keinen Ort haben. Trotzdem gibt es diese Sehnsucht, und unausgesprochen, vielleicht sogar unbewusst, äußert sie sich in anderer Form: im Verdrängen von Vergänglichkeit, Altern und Tod, im Boom von Gesundheitsratgebern und im Fitness-Kult. Dabei meint »ewiges Leben« in der Bibel nicht einfach ein unendlich langes Leben. Gerade im Johannesevangelium und in den Johannesbriefen ist damit ein »Leben in Fülle« gemeint, ein erfülltes Leben. Es kann eine Aufgabe der Predigt sein, den verborgenen Wunsch des Menschen nach ewigem Leben, nach einem Leben *in Fülle*, zu artikulieren und ihn mit seinem gesamten Potenzial und seinen Möglichkeiten auszuschöpfen.

Die Hoffnung auf ewiges Leben ist kein Relikt aus einer vor-aufgeklärten Zeit. Sie ist auch bei Dietrich Bonhoeffer (1906–1945) belegt, in seinen letzten Worten vor seiner Hinrichtung: »Das ist das Ende. Und für mich der Beginn des Lebens.« Bonhoeffer macht die Hoffnung auf ewiges Leben für heute glaubwürdig.

Predigtthema

Liebe befreit uns von unseren engen Grenzen. In ihr wird Gott sichtbar, ja berührbar. In ihr erleben wir schon etwas von dem verheißenen »Leben in Fülle«, einem Leben in der Ewigkeit. In ihr leben wir im Moment, statt uns ängstlich um uns selbst zu sorgen.

Vorschläge zur Liturgie

Der 2. Sonntag nach dem Christfest wird gottesdienstlich nur dann gefeiert, wenn er nicht kalendarisch auf den 6.1. oder einen späteren Tag fällt, denn dann gilt das Proprium von Epiphanias. Außerdem kann das Proprium von Epiphanias dasjenige des 2. Sonntags nach dem Christfest verdrängen, wenn der 6.1. nicht auf einen Sonntag fällt und das Epiphaniasproprium aus diesem Grund vorgezogen wird.

Votum

Hier sind Voten denkbar, die die Thematik des Predigttextes aufnehmen und etwa um »Ewigkeit«, »erfülltes Leben« oder »Liebe« kreisen, z. B.:

Im Namen Gottes, Quelle und Ursprung der Liebe,
im Namen Jesu Christi, aus Liebe mit uns verbunden,
im Namen der Heiligen Geistkraft, erfüllende Liebe unter uns.

Lesung: 2 Kor 4,7–18 In diesen Versen des 2. Korintherbriefs entfaltet Paulus Dimensionen einer Leidensgemeinschaft mit Christus und bringt damit auf seine Weise den johanneischen Gedanken des »Christus in uns – wir in Christus« zum Ausdruck.

Lieder: EG 51 Also liebt Gott die arge Welt; EG 65 Von guten Mächten treu und still umgeben (Bezug zu Dietrich Bonhoeffer); EG 631 (Pfalz) Jesu, meiner Seele Leben; EG plus 78 Gut, dass wir einander haben

Zur Untergliederung der Fürbitten kann der Singspruch EG 28 Also hat Gott die Welt geliebt mit dem Text aus Joh 3,16 gesungen werden.

Glaubensbekenntnis nach Dietrich Bonhoeffer

Ich glaube,
dass Gott aus allem, auch aus dem Bösesten Gutes entstehen lassen kann und will.
Dafür braucht er Menschen, die sich alle Dinge zum Besten dienen lassen.
Ich glaube,
dass Gott uns in jeder Notlage soviel Widerstandskraft geben will, wie wir brauchen.

Aber er gibt sie nicht im voraus, damit wir uns nicht auf uns selbst, sondern allein auf ihn verlassen.

In solchem Glauben müsste alle Angst vor der Zukunft überwunden sein.

Ich glaube,

dass auch unsere Fehler und Irrtümer nicht vergeblich sind, und dass es Gott nicht schwerer ist,

mit ihnen fertig zu werden, als mit unseren vermeintlichen Guttaten.

Ich glaube,

dass Gott kein zeitloses Fatum ist, sondern dass er auf aufrichtige Gebete

und verantwortliche Taten wartet und antwortet.

Amen.

Dietrich Bonhoeffer, Nach zehn Jahren [Weihnachten 1942], in: Widerstand und Ergebung, Dietrich Bonhoeffer Werke 8, 30 f.

Vorschlag zur Predigt

Möglicher Anfang

Liebe Gemeinde,

möchten Sie möglichst lang und gesund leben? Am besten ewig?

Ein langes, gesundes Leben gehört zu den Lieblingsthemen der Ratgeberliteratur.

Ratgeber sagen, man soll sich gut ernähren, viel Sport treiben und nicht rauchen. Sie sagen auch, gute soziale Beziehungen zu pflegen sei wichtig für ein langes Leben. Denn sie wirken gesundheitsförderlich. Sie können fit halten bis ins hohe Alter. Sport, gute Ernährung, soziale Bindungen – wer hinter jedem dieser Punkte einen Haken setzen kann, verlängere sein Leben um einige Jahre. Wer keine guten sozialen Kontakte hat, soll sich wenigstens selbst wie eine gute Freundin betrachten. Denn dann sei man viel nachsichtiger und freundlicher mit sich.

In diesem Sinne liest sich auch der Predigttext aus dem 1. Johannesbrief zunächst wie ein moderner Ratgeber: In ihm wird gleichsam empfohlen, »den Sohn zu haben«: »Wer den Sohn hat, der hat das Leben.« *Hier kann der Predigttext 1 Joh 5,11–13 zitiert werden.*

Bei einem zweiten Blick auf den Text wird aber klar: Der 1. Johannesbrief ist fundamental anders. Er ist viel radikaler als jeder Ratgeber. Das Leben, von dem *er* spricht, ist nicht einfach ein möglichst langes, gesundes Leben. *Er* meint ein anderes Leben, das sich nicht durch seine Dauer bestimmt, sondern durch sein Erfüllt-sein. Dieses Leben kann nicht herbeigeführt und besessen werden, man kann nicht darüber verfügen wie über einen sicheren Besitz. Es kann auch nicht durch möglichst viel Vorsorge, das Achten auf die eigene Gesundheit und Vermeiden von Gefahren gesichert werden. Selbst soziale Beziehungen, wenn sie dazu instrumentalisiert werden, die eigene Gesundheit zu stärken, werden hier nicht empfohlen. Im Gegenteil: Das eigene Leben soll gerade *nicht* zum Fixstern und Zentrum aller Anstrengungen werden.

Zum weiteren Verlauf

Wirkliches Leben erschließt sich nach dem 1. Johannesbrief nur durch eine Perspektivänderung, durch ein Neu-Ausrichten auf das, was wirklich zählt, auf *den*, der zählt: auf Jesus, den Sohn Gottes. Ihn soll man »haben«. Ja, ihn soll man am besten richtig mit Händen greifen. Denn so ist er den Menschen erschienen, als Mensch, greifbar und betastbar (1 Joh 1,1). Er hat sich »*an*greifbar« gemacht. Er hat sich nahbar gemacht.

Wenn der 1 Johannesbrief davon spricht, »das Leben zu *haben*«, so meint »Haben« keinen verfügbaren *Besitz* und kein Eigentum. Es wird inhaltlich durch eine *Haltung* gefüllt: die Haltung der Liebe. Sie gelangt von der Fixierung auf das Eigene, von der Konzentration auf sich selbst, zum Wahrnehmen des Gegenübers. Sie setzt voraus, dass wir uns selbst angreifbar und nahbar machen, uns berühren lassen.

»Es ist gut, dass wir einander haben.« So hört man zuweilen Liebende übereinander sprechen. »Wie gut, dass wir einander haben.« Worte, die gesprochen werden in Krisenzeiten, wenn etwas zu bestehen und zu bewältigen ist. Das ist was anderes als die Empfehlung von Ratgebern, im Sinne der eigenen Gesundheit soziale Kontakte zu pflegen. Liebende haben viel mehr etwas von der Radikalität des 1. Johannesbriefes. Statt das eigene Leben über alles zu stellen, setzt manche Liebende eher noch ihr Leben für den anderen aufs Spiel. Liebe wird stark nicht nur in den guten, sondern ganz besonders in schweren Zeiten. Denn gerade dann zeigt sich: Zu zweit kann uns die Welt nichts anhaben. Was ich allein nicht schaffe, das schaffe ich mit dir. Einander genug sein und gemeinsam Schweres überstehen. In schwierigen Zeiten dem Partner, der Freundin eine Hilfe sein. Was ich mir selbst nicht zusprechen und womit ich mich selbst nicht zu trösten vermag, das gelingt mir für den anderen.

Im Gedicht »Die Liebenden« von Bertolt Brecht ist die Radikalität der Liebe eingeholt im Bild zweier fliegender Kraniche, https://www.deutschelyrik.de/die-liebenden-875.html

Liebende sind wie Kraniche, die aus einer Welt in die andere, aus einem Leben ins andere fliegen, ohne festen Ort. Den brauchen sie nicht, sie sind einander Heimat und Halt genug. Wenn sie »sich bleiben«, »kann sie beide nichts berühren«. Das entspricht schon eher dem Geist des 1. Johannesbriefes. Die Christen, an die sich der Brief richtet, haben es selbst erlebt. Von ihrer Umwelt sind sie ausgestoßen und bedroht, verfolgt und entfremdet. Sie verkriechen sich gleichwohl nicht mit ihren Ängsten. Sie vereinzeln sich nicht. Sie bleiben nicht auf sich fokussiert, nach dem Prinzip: »Jeder kämpft für sich allein.« Vielmehr teilen sie ihre Sorgen – untereinander und mit Jesus. Das weitet ihren Blick. Das gibt Raum frei, Handlungsspielraum.

Der 1. Johannesbrief versteht seine Adressatinnen und Adressaten deshalb als Liebende. Liebende schaffen sich einen neuen Raum inmitten dieser Welt. Sie schaffen sich »ihre« Welt. Sie treten heraus aus dem engen Raum der Selbstbezogenheit. Sie wenden sich dem anderen zu, heben gleichsam den Blick und schauen auf ihr Gegenüber. Und Liebende schaffen sich auch eine eigene, eine neue Zeit, »ihre« Zeit. Eine eigene, innere Ewigkeit, unabhängig von der unvermeidlich ablaufenden Erdenzeit, unabhängig von der tickenden »biologischen Uhr« und der Rushhour des Lebens.

Sie empfinden Liebe zueinander, erleben Liebe in ihrer kleinen Gemeinschaft. Und sie wissen: Diese Liebe ist nicht nur von dieser Welt. In dieser Liebe ist etwas von Gottes Liebe spürbar. Deswegen überwindet sie die Welt. Diese Liebe ist genährt und gespeist vom Sohn Gottes, der unter ihnen wirkt.

So bedeutet zu lieben, das ewige Leben zu haben. Nicht so sehr ein möglichst langes Leben, sondern ein in der Gegenwart erfülltes. In diesem Sinne kann »ewiges Leben« schon jetzt erfahrbar werden, als »Leben in Fülle«, auch wenn es bedroht, beschädigt und versehrt ist.

Erfülltes Leben, ewiges Leben: Zeugen für die Kraft einer solchen Hoffnung sind nicht nur biblische Texte aus längst vergangenen Zeiten. Auch heute noch gibt es sie. Einer ist der evangelische Theologe und Widerstandskämpfer Dietrich Bonhoeffer. Unmittelbar vor seiner Hinrichtung durch die Nationalsozialisten ist von ihm das Wort überliefert: »Das ist das Ende. Und für mich der Beginn des Lebens.« Bonhoeffer hält, ganz im johanneischen Sinne, das ewige Leben dem physischen, endlichen Leben geradezu trotzig entgegen. Verfolgt und bedroht, verbindet Bonhoeffer sein Leben mit dem Leben Jesu. Lässt in seinem Leben etwas sichtbar werden vom Leben Jesu. So tritt ein Leben für das andere ein. So wirkt das Leben Jesu im Leben Bonhoeffers. »Wie gut, dass wir einander haben.« Und im Angesicht seines bevorstehenden Todes erschließt sich Bonhoeffer die Erkenntnis: Dieses Leben ist vom Tode bedroht und endet, aber es ist ihm ein neues Leben gewiss, ein Leben in Fülle. Beides steht in größtmöglichem Kontrast zueinander und gehört doch unmittelbar zusammen. Das Ende wird zum Beginn, der Verlust des Lebens befreit zum neuen, ewigen Leben.

Möglicher Schluss

»Wer den Sohn hat, der hat das Leben.«
Lesen wir den 1. Johannesbrief doch mal als ein Ratgeber-Buch! Er empfiehlt, den Sohn zu haben. »Den Sohn haben« – das bedeutet, Gottes Liebe ganz nah zu spüren. Sich mit Jesus eng verbinden, ihm in der eigenen Seele Einlass gewähren. Das ist nichts, was verloren gehen kann, selbst wenn das eigene physische Leben endlich ist. Ich werde zu einem Teil des Lebens Jesu, verknüpfe meinen *eigenen* Lebensfaden, *meine* Biografie mit seinem Leben. In dieser innigen Gemeinschaft verwirklicht sich etwas vom Leben in Fülle, verwirklicht sich erfülltes Leben. Das heißt »das ewige Leben haben«, schon jetzt, in diesem Augenblick.
Ich trete aus meiner Selbstbezogenheit heraus. Ich komme zum Du, zum anderen. Ich gehe ein in den Raum der Liebe. Ich trete in Beziehung und schaffe Verbindungen um mich herum. In ihm entsteht Gemeinschaft.

Symbole, Aktionen

Einen Liebesbrief schreiben, vielleicht danach an den/die Nachbar*in weiterreichen. Oder alle Briefe sammeln und jede*n am Ausgang einen ziehen lassen.

Einen langen Wollfaden vom Altar aus unter den Gottesdienstfeiernden weiterreichen, so dass schließlich alle miteinander verbunden sind.

Kontexte und Tipps zum Text

Wolfgang Huber, Dietrich Bonhoeffer. Auf dem Weg zur Freiheit, München 2020.

J. S. Bach, Kantate »Herz und Mund und Tat und Leben« (BWV 147) mit der Choralbearbeitung »Wohl mir, dass ich Jesum habe«.

Bertolt Brecht, »Die Liebenden«. In dem Gedicht werden die Themen des »einander Habens« in der Liebe und des Übergehens »von einem Leben ins andere« verarbeitet, https://www.deutschelyrik.de/die-liebenden-875.html

1. Sonntag nach Epiphanias
Jos 3,5–11.17

Oliver Böß

Erste Begegnung mit dem Text

Josua – ach, herrje! Josua und die kämpferischen Geschichten drumherum, wenn ich mich damit beschäftige und zudem die kriegerischen Auseinandersetzungen jüngster Zeit im »Gelobten Land« verfolge, bekomme ich unsägliches Bauchweh. In Gedanken schlucke ich eine Loperamid-Tablette und nähere mich widerwillig dem Textabschnitt. Auch solch geistige Tabletten brauchen ihre Zeit, bis sie Wirkung zeigen, und ich vergegenwärtige mir die martialisch dargestellten Erzählabschnitte dieses alttestamentlichen Buches und ihre obendrein mit Gottes Willen und Parteiergreifung assoziierten Konnotationen. Erwartet mich etwa eine solche Couleur des Predigttextes à la Gebietseroberungen wie die Einnahme Jerichos? Immerhin erinnere ich mich tröstlich – die Tablette scheint zu helfen – an eine diese Geschichte betreffend hocherfreuliche Deutungsvariante in der Kinderbibel von Anne de Vries, der die Israeliten entgegen lauten Posaunenblasens und gellendem Kriegsgeschrei laut jubeln und jauchzen ließ; fröhlicher Jubel ließ hier die Mauern wackeln und wanken und schließlich umstürzen (Anne de Vries, Die Kinderbibel, Neukirchen-Vluyn). Leider ist dies unter den Übersetzungen eine Ausnahme, obwohl allgemein eine Historizität der biblisch dargestellten Kampf- und Kriegsberichte abgesprochen wird. Mein zögerliches Lesen des Predigttextes bringt mir dann, Gott sei Dank, Erleichterung: Es handelt sich um die Gründungsgeschichte Israels – und die ist ledig aller Gewalt und Blutvergießen. Das Durchschreiten eines großen Gewässers trockenen Fußes, in diesem – friedlichen und gewaltlosen – Sinne auch ganz anders als der daran erinnernde Bericht vom Schilfmeerdurchzug im Pentateuch. Segen breitet sich über die einem Wunder unterstehenden Gläubigen aus. Es erinnert mich mehr noch, als es bei der Exodus-Meerteilung der Fall ist, hier an Jakob, dem sich während seiner Flucht der Himmel auftat. Ihm öffnete sich der Himmel über seinem Haupt, jetzt liegt dem Volk Israel das Wasser zu Füßen. Segen.

Exegetische Skizze

Unter seinem neuen Anführer mit dem hebräischen Namen Josua bzw. Joshua (gräzisierte Form: Iēsous, ins Lateinische übertragen: Jesus – deutsche Übersetzung: Gotthilf gemäß »Gott ist Hilfe, Rettung«) gelangt das Volk Israel nach 40-jähriger Wüstenreise an den Jordan, der die Grenze zwischen Wüste und bewohnbarem Land markiert – für Israel gleichbedeutend mit der Grenze zwischen alt und neu. Obgleich der Jordan keinen reißenden Strom, sondern eher ein Flüsschen darstellt und selbst im Hochwasser treibenden Frühling keine verheerend hohen Wassermassen zu bieten scheint, bildet er mit seiner immerhin bis zu 65 Metern Breite ein großes Hindernis für ein ganzes Volk, das vor dem »Unternehmen Grenzflussüberwindung« erst einmal eine Rast einlegt.

Und dann: der Aufruf an alle, ihr Leben zu heiligen: »Heiligt euch!« Natürlich, man kann das bar aller religiöser oder ritueller Bedeutung verstehen im Sinn von: »Bereitet euch (auf morgen) vor!« Aber gerade der in bevorstehenden Wundern Gottes begründete Hinweis lässt doch eher an früher praktizierte Reinigungsrituale denken, die eine seelisch integer machende Präsenz garantieren wollen. Heiligung also durch Reinigung, und zwar von allem, was Gemeinschaft – untereinander und aber vor allem anderen mit Gott – gefährden könnte.

Es folgt – gewissermaßen mit einer Peripetie einhergehend – der entscheidende Befehl: »Halt, nicht weiter!« Mitten im Wasser Entschleunigung, mehr noch: Stillstand! Kein Interesse an Synergieeffekthascherei, im Gegenteil. Zumindest verdeutlicht die Aufforderung, stehenzubleiben, das, was Luther prägnant auf seinen Liedvers »Mit unserer Macht ist nichts getan« gebracht hat. Es kommt nicht auf menschliches Mitwirken an, sondern allein auf Gott. Auf dieses passive Stehenbleiben fühle ich mich ganz persönlich und in besonderem Maße angesprochen. Aber jeder und jede unter uns kann sich angesprochen fühlen – zumal wir ja seit Luther auch die »Priesterschaft aller Gläubigen« proklamieren und wir für uns selbst und für andere zu Priesterinnen und Priestern werden können und sollen.

Die Priester spielen in Josua 3 eine besondere Rolle, präsentieren und garantieren sie doch explizit Gottes Anwesenheit. Für diese Textpassage prägend erweist sich – auf syntaktischer wie auch semantischer Ebene – der Begriff der Bundeslade bzw. Lade des Bundes: Josua befiehlt den Priestern, mit der Bundeslade in den Fluss zu steigen. In der Bundeslade wurden die Tafeln der Zehn Gebote aufbewahrt sowie andere »Souvenirs« der Wüstenwanderung: der das Meer teilende und Wasser aus Felsen schlagende Stab des Mose, ein Stück von dem vor dem Verhungern rettenden Manna – Erinnerungen gegen das Vergessen, dass Gott selbst das Volk vor allen Gefahren gerettet hat.

Die wundersame Durchquerung des Jordans, nach Martin Noth eine in Ausgestaltung einer feierlichen Wasserprozession kultisch nachvollzogene Wiederholung des Schilfmeerwunders, wird durch die Bundeslade ermöglicht. Diese gilt heute als verschollen, und nicht zuletzt war Indiana Jones auf ihrer Spur im Film »Jäger des verlorenen Schatzes.« Was in diesem Abenteuerfilm neben vielen anderen wichtigen Aspekten gar nicht zum Tragen kommt, ist: dass Gott sich nicht vereinnahmen und festlegen lässt. Und auch das: Auf der Bundeslade, so wird erzählt, stehen sich zwei Cheruben gegenüber, die sich anblicken und gleichzeitig auf die Lade schauen. Ihre Flügel heben sie gegeneinander und schützend über die Bundeslade. Damit entsteht ein Raum der Begegnung und des Schutzes, in dem Gott sich zeigt und zum Volk spricht. Gott bleibt unverfügbar, Gott handelt absolut, aber er will auch Gegenüber sein. Folgerichtig wird Glauben durch Dialog und Gespräch, Fragen und Suchen determiniert. Dafür steht die dem Volk Israel durch den Jordan vorausgehende Bundeslade. Welch ein Gegensatz zu mit imaginären mystischen Ansprüchen infizierten Filmen, die beispielsweise die Legende vom Heiligen Gral thematisierend religiös-kultische Traditionen unseriös fokussieren oder à la »Indiana Jones« die Bundeslade mit der Utopie verbinden, dass jede Armee unbesiegt bleibt, der diese Lade vorangeht!

Diesem irreführenden Gedanken setzt das alttestamentliche Buch Josua einen als rechtmäßiger mosaischer Nachfolger involvierten Anführer dagegen, dessen Name im Neuen Testament wiederaufgenommen wird. Und auch dieser Jesus kommt dereinst an den Jordan und bleibt in dessen Wasser stehen, lässt sich taufen und hält inne, bevor sein Weg als Retter beginnt. Der 1. Sonntag nach Epiphanias feiert traditionell die Taufe Jesu, durch die Gott via Johannes dem Täufer seinen geliebten Sohn »groß macht« und den nahenden Anbruch seiner Herrschaft verkünden lässt.

Weg zur Predigt

Telefonanruf: Es gibt eine Taufterminanfrage – das Kind ist noch gar nicht geboren; aber man will sich schon mit den nächsten Schritten befassen und plant bereits die Taufe ein paar Wochen nach dem Geburtstermin. Warten, Lagern – wie Israel damals am Jordan. Und dann: Vorm Flusswasser.

1. Sonntag nach Epiphanias: Das Jahr ist am Tag der Gottesdienstfeier unter dem Predigttext aus Jos gerade mal 14 Tage alt. Auch dieser Gottesdienst erfordert vorheriges Planen, rechtzeitige Beschäftigung damit. Warten, Lagern – wie Israel damals am Jordan. Vorm Flusswasser.

Israel wird »aus der Taufe gehoben« – 40 Jahre nach seiner »zweiten Geburt«, eine Generation nach seinem Auszug aus Ägypten. Und dann, an der Schwelle: warten, lagern am Jordan. Unmittelbar danach: stehen im Flusswasser. In erster Reihe die Priester. Heute: Priestertum aller Gläubigen; und: »Mit uns'rer Macht ist nichts getan« – Luther. Von Gottes Gegenwart kündet die Bundeslade damals. Heute darf ich Gottes Zusage vertrauen: »Ich bin da«; ich muss nur den großen, Schutz und Geborgenheit gebenden Baum wahrnehmen – und mich in seinen Schatten stellen.

Predigtthema

Entgegen jeglichem Aktionismus: lagern und sich-heiligen, das heißt: Gott »machen lassen«!

Vorschläge zur Liturgie

Psalm: aus Ps 139 (V. 14 vgl. »groß sein« bei Gott!)

Lesung: »Johannes tauft Jesus am Jordan« Mt 3,13–17

Lieder: EG 369,1.3.7 Wer nur den lieben Gott lässt walten; EG 361,1.4.8 Befiehl du deine Wege; Dir, Gott, will ich vertrauen, in: »Wo wir dich loben, wachsen neue Lieder (plus) Nr. 22; Immer auf Gott zu vertrauen (Spiritual / eine ältere deutsche Textübersetzung gibt es von Herbert Masuch, zu bevorzugen ist aber eine im Blick auf Predigtthema und

-text adäquatere Übersetzung – Autor: unbekannt –, in: www.evange
liums.net; siehe dort Christliche Liederdatenbank); Du bist heilig, du
bringst Heil, in: »Wo wir dich loben, wachsen neue Lieder (plus) Nr. 125

Vorschlag zur Predigt

Möglicher Anfang

Da war ein Mensch, der hat unsäglich an seinem Schatten gelitten. Der
Schatten war für diesen Menschen gleichbedeutend mit seinen dunklen Seiten und so hat er vieles versucht, um den Schatten loszuwerden. Aber vergeblich. Alle möglichen Unternehmungen waren erfolg-
los: Was der Mensch auch anstellte – ob er vor dem Schatten davonlief,
ob er sich auf dem Boden herumwälzte – der Schatten blieb und ließ
sich nicht abschütteln. Auch über seinen eigenen Schatten springen,
vermochte der Mensch nicht. Alle Mühe war umsonst. Ein anderer,
sehr weiser Mensch, der das mitbekam und von all den vergeblichen
Anstrengungen hörte, meinte nur: »Es ist doch so einfach, den eigenen Schatten loszuwerden! Man muss sich nur in den Schatten eines
großen, starken Baumes stellen. Im Schatten eines solchen Baumes
ist jeder andere Schatten aufgehoben! (frei erzählt nach Axel Kühner).
Das Volk Israel steht, den eigenen Schatten im Rücken, am Jordan, der
Schwelle zwischen bereits erfolgtem Wandern in der Wüste einerseits
und einem verheißenen, zukunftsträchtigen Terrain auf der anderen
Flussseite andererseits. Wie die Schwelle, die da heißt »Jordan«, überwinden? »Du musst dich nur in den Schatten Gottes stellen!« Gott ist
größer und stärker als jedmöglicher Baum, Gott »macht dich groß«,
wenn du dich ganz auf ihn einlässt!

Zum weiteren Verlauf

Hier kann im Lebensalltag auftretende Liminalität im umfassenden
Sinn thematisiert werden: Schwellen, die zu Hindernissen »anschwel-
len« zuweilen auch, weil eigene Schatten im Rücken nicht abgeschüt-
telt werden können. Beispiele können im Familienleben, auf dem
Schulhof, am Arbeitsplatz und auch in der Politik entdeckt werden. Das
»Abschütteln des Schattens« in Verbindung mit dem Bild des Baumes
gipfelt in Überlegungen bzgl. des unter die Gegenwart Gottes stellen-
den Taufgeschehens am Menschen. Die Schriftlesung hat uns bereits

erinnert, dass auch Jesus selbst sich in den Schatten, das heißt unter die wertschätzende und »groß machende« Gegenwart Gottes gestellt hat.

Möglicher Schluss

In Tansania leiden schätzungsweise zehn Prozent der Bevölkerung an einer körperlichen Beeinträchtigung. Aber das gesellschaftliche Verständnis dafür und die notwendige Integration der Betroffenen ist äußerst gering. Stattdessen kursiert vor allem im ländlichen Bereich der Glaube, ein Mensch mit körperlicher oder seelischer Beeinträchtigung sei eine Strafe Gottes und stehe demgemäß unter einem Fluch. Mittlerweile setzen sich europäische christliche Institutionen und Vereine gegen diesen Volksglauben ein und engagieren sich für Bildung, medizinische Versorgung und die Integration in diesem Bereich. Pionierarbeit dafür leistete u. a. ein afrikanisches Heim, das von der evangelischen Kirche Tansanias westlich des Viktoriasees geführt wird. Sechzig Menschen mit massiven körperlichen und/oder geistigen Beeinträchtigungen finden hier Aufnahme und Geborgenheit. Das Heim trägt den Namen »Igabiro«, zu Deutsch: »Großer Baum«. Im Schutz des »Großen Baumes« werden Menschen, die sonst hilflos und ratlos wären, betreut und versorgt. Hier geschehen Fürsorge und Lebenshilfe unter einem großen Baum, der Schatten spendet, Schutz gewährt, wie ein Dach zudeckt, einen festen Stamm zum Anlehnen bietet, Früchte zur Lebensgestaltung bringt – einem großen, starken Baum, der sich am wunderbehaftetem Wirken Gottes orientiert.

Gestaltungsidee

Im zeitlichen Umfeld des Gottesdienstes bietet sich eine Bildungsveranstaltung im Zusammenhang mit dem Thema Liminalität im weitesten Sinne an, beispielsweise Liedtexte im EG, die an biographischen Schwellen im Leben ihrer Autoren entstanden: Georg Neumarks »Was Gott tut, das ist wohlgetan« (EG 369) könnte hier thematisiert werden oder auch die bewegende Geschichte Paul Gerhardts, den als Elfjähriger den Beginn des Dreißigjährigen Kriegs traf und der in seinem Leben durch Kriegsplünderungen, Pest und Todesfälle in der Familie zahlreiche Tiefen erlebte, die am Glauben nagten. Es wird gemutmaßt, dass er an einer derartigen Schwelle seines Lebensalltags, an der seine Frau im Wochenbett ein Kind von ihm verlor, den Text zu seinem späteren Lied »Geh aus, mein Herz, und suche Freud« (EG 503) dichtete – als

Mut machender Aufruf an seine Ehefrau, an Gottes Schöpfung Trost zu finden und ihre entstandene Depression auf diesem Weg zu bekämpfen. Der dringliche Rat zu einem Spaziergang in der Natur als konkrete Ausformung des biblischen Aufrufs »Heiligt euch!«

Symbole, Aktionen

»Heiligt euch!« – Ernst Barlachs Skulptur »Der Hörende« deutet diesen Aufruf mit der Botschaft, sich völlig auf Gottes Wort einzulassen, sozusagen ganz Ohr dafür zu sein.
Liminalität: Dieser einen Schwellenzustand beschreibender Terminus führt laut Prof. Dr. Kristin Brüning »inmitten zahlreicher globaler Krisen und den damit verbundenen Umbrüchen, Unsicherheit und Schwellenzuständen ... in einen Zustand, in dem Alltägliches infrage gestellt wird und der Verlauf unserer Zukunft auf der Schwelle steht: Wie ist von hier aus weiterzugehen ...?« (K. Brüning, Uni Hamburg, zitiert in: Universität Graz: Erzählen von Liminalität)

Kontexte und Tipps zum Text

Was das Volk Israel innerhalb seiner Gründungsgeschichte, laut der es »aus der Taufe gehoben wurde«, erfahren durfte, kann mit Arno Schmitts Worten über die Taufe gleichgesetzt werden (in: Das Leben ist groß. Segensraum Taufe – ein Werkbuch, Gütersloher Verlagshaus 2016, 34): »Aufbruch ins Leben. Vergegenwärtigung des Anfangs, ein Leben lang, zu immer neuen Anfängen ... Gnadenspiel. Segensraum.«

In seinem Buch »Übermorgenland. Eine Weltvorhersage« (2. Auflage, Basel 2019) skizziert Markus Spieker eine für unsere Gesellschaft wie auch für ihre christlichen Kirchen relevante Schwelle zu einer Zukunft, die der den Glauben innovativ vermittelnden Räume bedarf und diese punktuell auch schon erschlossen hat, und nennt sich darauf beziehend das Stichwort Freundschaft:
»Die Kathedralen des 21. Jahrhunderts werden Freundeskreise sein. Orte, in denen sich Menschen freundschaftlich miteinander und mit Gott verbinden« (307).
Am Ende lassen uns sein Fazit und die daraus resultierende christliche Prognose »in großer Dankbarkeit zurückschauen und um uns blicken. Und mit Hoffnung nach vorne ... Es kommt am Ende noch besser. Ewig währt am längsten« (308).

2. Sonntag nach Epiphanias
Röm 12,9–16

Tobias Ziemann

Erste Begegnung mit dem Text

Wirklich erstaunlich, so eine Sprichwörterfülle auf engstem Raum. Gerade gestern standen wir zu dritt vor einer Tür und niemand wollte als erster hindurch:»Kommt einander mit Ehrerbietung zuvor«, lachte ich und ging los. Dann kürzlich in der Ausbildung des Vikars die Reflexion, wohin die eigenen Tränen gehören:»Weint mit den Weinenden«, sagt Paulus. Aber wollen wir das wirklich, als Menschen in der Seelsorge? Natürlich Vers 12 als einer der ganz beliebten Tauf- und Konfirmationssprüche früherer Zeiten. Manchmal bringe ich die Reihenfolge durcheinander, der alte Jubelkonfirmand weiß sie jedoch genau. Und dann noch der letzte Satz, der einen festen Platz in jedem Pfarramt, jedem Lehrer:innenzimmer und jedem Büro einer Abgeordneten haben sollte:»Haltet euch nicht selbst für klug«. Danke, Paulus, für deine Sprichwortsammlung. Welches mögen Sie am liebsten? Welches hilft besonders gut? Und worauf könnten Sie getrost verzichten?

Auf die *brüderliche* Liebe zumindest der Übersetzung nach. Hier hilft die Basisbibel weiter:»Liebt einander von Herzen als Brüder und Schwestern«.»Geschwister« verwendet die BigS vollständig inklusiv. Es entspricht der Botschaft der Liebe, hier wirklich alle einzuschließen. Bei aller Liebe zu den einzelnen Versen und ihren Gedanken – zum 2. Sonntag nach Epiphanias scheint mir diese Sammlung erst einmal nicht zu passen. So hat Röm 12,9–16 in der Neuordnung der Perikopen auch ein»Downgrade« bekommen. Die Perikope war zuvor in etwas weiterem Zuschnitt (Verse 4–8 standen in Klammern) die Epistel des Tages. An deren Stelle ist nun 1 Kor 2,1–10 gerückt. Das passt schon etwas besser, weil die Diskrepanz zwischen dem von Gott erwarteten und dem tatsächlichen Handeln hier in den Mittelpunkt rückt: Niemand sonst würde den guten Wein so spät auftischen als dieser Herr. Der Wechsel lässt sich also gut begründen. Mein Grundgefühl bleibt aber, dass dieser Sonntag weit weniger profiliert ist als seine direkten Nachbarn. Wozu kann diese Perikope heute trotzdem hilfreich sein? Reicht es aus, mit dem Perikopenbuch zu behaupten, die überraschende und teilweise paradoxe Herrlichkeit Gottes werde erfahrbar, wo Menschen im Sinne von Röm 12 handelten? Es könnte jedenfalls ein Anfang sein.

Exegetische Skizze

Mit dem 12. Kapitel beginnt Paulus einen großen, letzten Abschnitt seines Briefes an eine Gemeinde, die er gar nicht kennt. Er wechselt zwischen Ermahnung, Aufforderung, Anweisung und Bitten, Imperative folgen Schlag auf Schlag. Dabei weiß Paulus gar nicht, wie die Gaben in Rom verteilt sind oder wie die Stimmung vor Ort sich darstellt. Wird dort bereits Gastfreundschaft geübt? Achten die Geschwister liebevoll aufeinander? Ich stelle mir vor, wie es für (m)eine Gemeinde klingt, wenn ein Fremder schreibt, niemand dort solle träge sein. Als die Pandemie noch nicht ganz überwunden war, kam bei uns eine Person neu ins kirchenleitende Amt und mahnte uns Pfarrer:innen: Wir hätten nicht genug getan, wir hätten dem Anspruch Christi nicht genügt, weil Menschen einsam gestorben waren in den Pflegeheimen. Ob sachlich richtig oder falsch, dieser Vorwurf ist hängengeblieben, weil er uns ja gar nicht kannte. Vorwurfsvoll meint es Paulus nicht. Aber es ist wie mit jedem (durchaus gut *gemeinten*) Ratschlag: Der Empfänger entscheidet, was weiterhilft, nicht der Sender.

In Vers 9 geht es um Heuchelei, die Einheitsübersetzung bekommt hier meinen Vorzug. Eine Möglichkeit wäre, Heuchelei in den Mittelpunkt zu stellen. In diesen Tagen im Januar 2024 gehen überall in Deutschland Hunderttausende auf die Straße, um ihr Gemeinschaftsgefühl zu stärken und Zeichen zu setzen für die Demokratie. Ein radikales Treffen nur wenige Kilometer von meiner Kirche in Potsdam entfernt, hatte das Fass in der Bevölkerung (endlich) zum Überlaufen gebracht. Dabei muss von den Veranstaltenden ein weiter Kreis gezogen werden, um möglichst viele Gruppen in den Protest zu integrieren. Und es werden Stimmen laut, die darüber klagen, nach dem 7. Oktober 2023 habe es so viel weniger Entsetzen und keine großen Demonstrationen geben. Ist es nur Heuchelei, jetzt bei schönem Winterwetter auf die Straßen zu gehen, weil die Verhandlungsmasse so klar ist? Wird es im Verlauf dieses Jahres bei den vollen Demos bleiben, wenn drei Landtagswahlen anstehen? Eine Predigt im Januar 2025 wird darauf zurückblicken und etwas über Heuchelei zu sagen wissen.

Ich lade dazu ein, den Zuschnitt der Perikope auf die eigene Gemeinde hin anzupassen. Röm 12 könnte auch als Kapitel vollständig gelesen werden, abschnittsweise und sicher anstelle von 1 Kor 2, alle sechs Jahre sollte das erlaubt sein. Vielleicht hilft es ja, am Anfang des Jahres von den unterschiedlichen Charismen in der Gemeinde zu hören (3–8)? Oder Röm 12,2 hilft dabei, die Mahnung im weiteren Festkreis von Weihnachten zu verorten? Angesichts der klanglichen Vielfalt gilt auch für die Perikope: Prüfet alles, das Gute behaltet. Überraschung für mich soeben: Das wird die Jahreslosung sein. Ein Bibelabend zur Einstimmung zwischen Jahreslosung und Predigttext könnte für die Vorbereitung helfen. Welche Verse etwa finden die Ältesten der Gemeinde besonders hilfreich, welche entbehrlich? Was sagen die Mitarbeitenden in der Dienstberatung zu dieser Perlenkette von Ermahnungen? Was denken die Konfis?

Weg zur Predigt

Die Evangelische Kirche in Deutschland hat in der vergangenen Woche den Abschlussbericht zur Studie ForuM veröffentlicht. Gut 36 Stunden lang waren die Nachrichten voll davon, dann kamen neue Meldungen. Es war furchtbar zu hören, wie hoch die vermuteten Zahlen sich darstellten. Und wenig verständlich war, dass nur eine Landeskirche in Deutschland für die Studie auch die Personalakten zur Verfügung stellte. Personelle Gründe wurden dafür angeführt, die Öffentlichkeit wundert sich. Ist das Ziel denn lückenlose Aufklärung oder nicht? Wie ernst meint es die Kirche mit der Prüfung ihrer selbst? So blieb nun die Dunkelziffer hoch und die Öffentlichkeit kann den Kirchen weiterhin unterstellen, nicht genug getan zu haben. Seid nicht träge in dem, was ihr tun sollt!

Vielleicht kommen jetzt, Mitte Januar 2025, auch aus Ihrem Verwaltungsamt die neuesten Zahlen der Gemeindeglieder. Darin wird sich zeigen, welche Wirkung auch dieser offene Bruch zwischen kirchlichem Anspruch und der Realität erzeugt hat: Wasser predigen und

Wein saufen, dieses Sprachbild passt (leider) sogar zum 2. Sonntag nach Epiphanias. Ich könnte in diesen Tagen Röm 12 nicht lesen, ohne von der unfassbaren Schuld und der Blindheit der Institution Kirche zu sprechen. Und noch mehr von der Schuld jener Menschen, die ihre von der Kirche anvertraute Macht so widerwärtig missbrauchten. Haltet euch nicht selbst für klug (V. 16) ist da wohl das Mindeste. Besser wäre: »Nehmt den Mund, um Gottes Willen, nicht so voll.«

Predigtthema

Ein väterlicher Freund von mir gehörte nie zur Kirche. Zur Ordination schenkte er mir ein einfaches Blatt Papier, nicht mal gerahmt, aber mit gelbem Grund. Darauf steht ein Zitat von Martin Walser: »Wer mehr sagt, als er tut, predigt. Wer weniger sagt, als er tut, lügt. Wer sagt, was er tut, ist eitel. Wer tut, was er sagt, ist gut.« Darunter steht handschriftlich die Bitte des Freundes: »Sei ein Guter.«

Für mich wird seine Skepsis gegenüber allem Religiösen auf der einen, seine Anerkennung meiner Motivation und Hoffnung auf der anderen Seite darin deutlich. Oft geht mir sein Wunsch bei der Predigtarbeit durch den Sinn. Da stehen wir alle auf unseren Kanzeln und sagen mehr als wir tun. Obgleich natürlich auch das richtige Wort zur richtigen Zeit eine gute Tat ist. Sonst bräuchten wir es wirklich nicht versuchen.

Ich werde mit der Gemeinde an diesem Tag überlegen, welche Verse uns für dieses Jahr weiterhelfen. Ganz im Sinne der Jahreslosung, alles auf Tauglichkeit hin zu überprüfen, könnte die Gemeinde sich ein geistliches Jahresprogramm erstellen. Zusätzlich zum Abendmahl (oder warum nicht auch anstelle dessen, je nach Uhrzeit und Tradition der Gemeinde), wäre ein Kirchencafé mit einem Nachgespräch zur Predigt hilfreich: Was wollen wir behalten? Dabei könnten übrigens auch einmal alte Schränke geöffnet werden, um neuen Platz zu schaffen. Da kann sicher auch was weg. Wo der Weihnachtsbaum noch steht, wäre die Metapher der Geschenke unterm Baum denkbar: Will ich das behalten, was mir da angeboten wird? Ist die Verpackung schöner als der Inhalt? Oder ist das Geschenk, das mir eigentlich so unpassend erscheint, vielleicht doch hilfreich. Das könnte dann ein Zugang zur Trägheit sein, die man sich lieber selber eingesteht, als sie von außen attestiert zu bekommen.

Vorschläge zur Liturgie

Gebet vor dem Kyrie – im Anschluss an Psalm 105

Ewiger Gott,
wir gedenken heute der Wunder, die du getan hast.
Wir sehen das Leuchten des Sternes, dein Licht hier in unserer Mitte.
Dabei weißt du ja genau, wie oft wir dieses Licht im Alltag übersehen,
wie oft wir anders handeln, als wir es uns am Sonntag vornehmen.
So bitten wir dich auch heute:
Vergib uns die Schuld, Gott. Wir suchen nach dir.
Kyrie eleison!

Gnadenzusage

Gott gedenkt ewig an seinen Bund,
an das Wort, das er verheißen hat für tausend Geschlechter.
Darum singet ihm und spielet ihm, redet von allen seinen Wundern!
Rühmet seinen heiligen Namen;
es freue sich das Herz derer, die den HERRN suchen.

Tagesgebet

Herr, Jesus Christus,
wir staunen über dich und deinen Weg mit uns.
Du bist in unsere Welt gekommen, um uns die Herrlichkeit des Vaters
zu offenbaren.
Wir freuen uns, dass du so liebevoll mit uns gehst.
Hilf uns dabei, die Freude und das Glück zu spüren,
auch wenn uns nicht danach zu Mute ist.
Öffne unsere Herzen für dich und füreinander
und mache uns als Gemeinde zu einem Abbild deiner großen Herrlichkeit.
Amen.

Fürbitten

Das Lied EG 235 »O Herr, nimm unsre Schuld« könnte ein Fürbittenge-
bet rahmen, in dem unsere Schuld und das Unvermögen zur Sprache
kommen, wahrhaftig nach Römer 12 zu leben. Es kommt sehr darauf
an, wie stark Prediger:in sich den Freudensonntag in der Zeit nach Epiphanias auch an dieser Stelle *eintrüben* möchte, indem hier »Wasser in
den Wein« gegossen wird.

Lieder: EG 445 Gott des Himmels und der Erden; EG 240 Du hast uns, Herr, in dir verbunden; EG 41 Jauchzet, ihr Himmel (für Ungeübte auch auf EG 316 singbar); Singt Jubilate 172 Wenn wir doch wüssten; Halleluja: Unser Kantor singt den Vers vor dem Evangelium von der Orgelbank aus. Heute könnte daraus die »Freude der Elenden« noch weiter ausgeführt werden. Es gibt leider auch in unserer Mitte mehr als genug von ihnen.

Vorschlag zur Predigt

Möglicher Anfang

Ungefragte Ratschläge sind selten hilfreich. Das wissen Eltern, deren Kinder an der Supermarktkasse plötzlich anfangen, in Tränen auszubrechen oder den Weg nach Hause partout nicht mehr selber laufen können. Oft teilen die Umstehenden dann ihre Lebensweisheiten ungefragt und übergriffig aus. Zuweilen haben sogar auch die eigenen Eltern der Eltern viele gute Ideen, wie denn in solchen Augenblicken mit den Enkeln zu verfahren sei. Da hilft es auch nicht weiter, wenn die eigene Mutter oder der Vater (im schlimmsten Fall wahrscheinlich die Schwiegereltern) es noch so gut meinen. Denn ob ein »Rat« als solcher aufgenommen werden kann, oder ob es doch eher ein »Schlag« bleibt, das entscheidet ganz alleine die Person, die ihn empfängt, nicht die, die ihn sendet.

Auch das Evangelium dieses Sonntags ist, zumindest in der Eingangsszene, ein schönes Beispiel dafür. Die Mutter Jesu scheint etwas zu bedeuten hier, ihr Wort hat Gewicht auf der Hochzeit zu Kana. Jesus aber ist es nicht sehr lieb, dass sie sich einmischt und die anderen auf ihn verweist: »Was geht es dich an, Frau?«, schimpft er sie an – und macht es dann doch so, wie viele andere Kinder an seiner Stelle auch: Er nimmt sich ihren Rat zu Herzen.

»Was geht es dich an, Paulus?« So könnten auch die Menschen in Rom genörgelt haben, angesichts der deutlichen Worte, die der Prophet über ihre Gemeinschaft findet. »Seine theologischen Gedanken in allen Ehren«, könnten die Römer:innen gedacht haben. »Aber warum mischt er sich nun hier in unsere Angelegenheiten ein? Soll er doch erstmal selber zusehen, diese lange Liste abzuhaken.«

Lesung des Predigttextes Röm 12,9–16

Zum weiteren Verlauf

Es liegt sehr an der Situation vor Ort, welcher Faden im weiteren Verlauf aufgenommen werden soll. Und es liegt an der eigenen Prägung der Person auf der Kanzel, ob hier eher *gegen* Ratschläge oder *dafür* argumentiert werden soll. Sieht sie sich eher in der Rolle von Mutter und Vater oder in der Rolle derer, die mit Rat-Schlägen überhäuft werden? Team Paulus oder Team Römer?

Ich würde darauf zu sprechen kommen, dass es Einfühlungsvermögen benötigt, jemandem so zu raten, sodass die oder der etwas damit anfangen können. Es braucht ein Gespür für Timing und die Offenheit des Gegenübers. Die hohe Schule wäre, vor dem Abgeben eines Feedbacks das Einverständnis dafür einzuholen. Und das alles geht nicht ohne die Erkenntnis, selbst nicht fehlerfrei zu sein. Welcher Fehler oder Missstand hier benannt werden sollte, ist vor Ort zu entscheiden.

Möglicher Schluss

Prüfet alles, das Gute behaltet. Die Jahreslosung kann eine Ratgeberin sein, für unsern Umgang mit dem Predigttext. Was hilft ihnen heute weiter, und was nicht? Welche Perle nehmen Sie mit nach Hause?

Paulus kannte die Menschen in Rom zwar nicht, aber selbst wenn, so hätte er seine Perlen wahrscheinlich nicht anders aufgefädelt. Vielleicht hätte er da und dort ein Beispiel bringen können, in wessen Haus er besonders viel Liebe vermuten durfte, oder wen er dort für ein Vorbild hielt. Inhaltlich aber hätte er nichts anderes auch an Gemeinden geschrieben, die er kannte. Insofern würde Paulus auch keine Minute zögern und unserer Gemeinde diese Liste senden. In der Hoffnung, wir würden nehmen, was uns hilft oder uns weiterbringt.

Dass Gemeinden dabei immer auch Orte gewesen sind, an denen Menschen diesem Anspruch radikal widersprochen haben, müssen wir heute demütig zur Kenntnis nehmen. Es gilt noch eine Menge Wasser in den Wein zu gießen. »Wer tut, was er sagt, ist gut«, sagt ein Sprichwort. Weshalb wir uns als Kirche davor hüten sollten, allzu viele Ratschläge in die Welt zu senden. Fangen wir lieber bei uns selber an. Amen.

Gestaltungsidee

Die einzelnen Verse im Kirchenraum wie an einer Perlenkette oder einer Wäscheleine aufreihen, viele kleine Schnipsel, dabei auf ausreichende Schriftgröße achten. Die Gemeinde kann prüfen, sortieren und das Gute behalten. Vielleicht bekommt sie auch Gelegenheit, eigene Worte hinzuzufügen? Paulus hätte sicher nichts dagegen. Auch nicht, die einzelnen Verse von verschiedenen Menschen aus unterschiedlichen Ecken des Gottesdienstraumes rufen zu lassen.

Dazu beim Kirchenkaffee hinterher unbedingt etwas gemeinsam verabschieden und dann entsorgen. Ein vergilbtes Fastentuch, das niemand mehr sehen will? Oder die Liedkopien, die ganz sicher nicht mehr verwendet werden? Uralte Stifte oder Ausmalhefte? Es wird sich auch bei Ihnen etwas finden. Das Verabschieden verbindet und hilft nicht nur den Fans von Marie Kondo. Ein Jahr lang so geübt, ist am Ende 2025 wirklich Platz für Neues entstanden.

3. Sonntag nach Epiphanias
Joh 4,(4)5–14(15)

Stefan Bergner

Erste Begegnung mit dem Text

Ich habe sofort ein sehr konkretes Bild vom Anfang der Szene vor Augen. Da sitzt Jesus ungerührt etwas abseits auf einem Stein in der prallen Sonne, als die Frau durch den heißen Sand zum Brunnen kommt, um Wasser zu holen.

Die Brunnengeschichten in der Bibel faszinieren mich schon lange. Da geht es um viel mehr als Wasserholen. Da spielt das Leben: Brunnen sind Orte der Begegnung, für Gespräche, Verträge, Liebe, Konflikte, für das Drama um Josef und für Hagars Rettung – und eben für dieses besondere Zusammentreffen Jesu mit der Samaritanerin.

Das Gespräch der beiden fand ich schon immer schwer zu verstehen und echt anspruchsvoll.

Ich möchte herausfinden, wie die Beziehung der beiden wirklich ist. Ist Jesus, so wie es gewöhnlich interpretiert wird, der geistig und moralisch weit Überlegene? Wie kommt er der Frau nahe?

Exegetische Skizze

Der Predigttext markiert den Anfang des Wirkens Jesu in Samarien auf seinem Weg von Judäa nach Galiläa (Joh 4,4–42). Es handelt sich um den ersten Teil seines Gesprächs mit der samaritanischen Frau, in dem es thematisch um lebendiges Wasser geht.

Die V. 4–6 lokalisieren das Geschehen. Die Erwähnung der Stadt Sychar wird mit dem geschichtlichen Hinweis darauf verbunden, dass Jakob seinem Sohn Josef dort ein Stück Land gab (Gen 48). Dort ist Josef nach Jos 24,32 auch begraben. Die Ortsangabe wird mit der Angabe des Jakobsbrunnens präzisiert. Weil sich dieser Brunnen nicht aus Regenwasser, sondern aus Grundwasser speist, wird auch von der Jakobsquelle gesprochen (vgl. Wengst, 135). Bevor das eigentliche Gespräch beginnt, wird die Uhrzeit (um die sechste Stunde) genannt und berichtet, dass sich Jesus erschöpft am Brunnen niederlässt. So verständlich es einerseits erscheint, dass Jesus in der Mittagshitze am Brunnen eine Rast macht, so verwunderlich ist es andererseits, dass dort eine Frau aus der Stadt um diese Zeit Wasser holt (vgl. Wengst 135). Eine mögliche Erklärung ist eine schwierige soziale Situation der Frau, die sie auch zu dieser Zeit zur Arbeit zwingt (vgl. hierzu ausführlich Schottroff 119–122). Jesus beginnt das Gespräch mit der elementaren Bitte »Gib mir zu trinken« (V. 7b). Der Einschub (V. 8) erklärt, warum die Jünger nicht da sind und dass Jesus mit der Frau allein ist. Die Frau reagiert irritiert auf die Bitte Jesu, denn er überschreitet gleich zwei Grenzen: Zum einen galt es als »unschicklich«, wenn ein Rabbi mit einer Frau in der Öffentlichkeit sprach (Schnelle 99), zum anderen belegen sowohl die Reaktion der Frau wie auch die folgende Erklärung in V. 9 das angespannte und geschichtlich wie religiös belastete Verhältnis zwischen Samaritanern und Juden (hierzu mehr bei Wengst 134). Ohne auf Jesu Bitte nach Wasser einzugehen, lässt sich die Frau gerade in ihrer Irritation auf ein weiteres Gespräch mit Jesus ein (vgl. Wengst 137).

In V. 10 nimmt das Gespräch dann eine neue Wendung. Jesus, eben noch mit dem Bedürfnis, etwas Wasser gegen seine Erschöpfung zu trinken, zutiefst menschlich dargestellt, bietet nun seinerseits der Frau Wasser an. Dieses lebendige Wasser (*zon hydor*) hat zahlreiche biblische Bezüge, vgl. z. B. Ps 42,2; Jes 11,9; Jer 2,13; Ez 47,1–12 u. a. Jesus verknüpft in diesem Angebot die Gabe Gottes mit seiner eigenen Identität. Gemeint ist mit der Gabe des lebendigen Wassers das Geschenk wirklichen und erfüllten Lebens, dass sich durch ihn erschließt (vgl. Wengst 137).

Ob die nachfolgende Entgegnung der Frau, Jesus habe nicht einmal ein Schöpfgerät und der Brunnen sei tief (V. 11), ein Beleg für Ihr Missverstehen bzw. Nichtverstehen ist, scheint zumindest zweifelhaft (vgl. Wengst 138; anders Beutler 158). Vielmehr legen die Fragen der Frau, woher Jesus das Wasser habe und ob er etwas Besseres sei als der Erzvater Jakob, der mit seinen Söhnen und Tieren auch das Wasser aus diesem Brunnen getrunken habe (V. 12), ein spirituelles Verständnis des lebendigen Wassers nahe. Jesus wiederum geht auf die Frau ein und unterscheidet das physische Wasser, das den Durst nur temporär stillt (V. 13), von dem Wasser, das er gebe (V.14). Wer davon trinkt, wird nie mehr Durst haben. Hier geht es Jesus nicht länger um den Durst nach trinkbarem Wasser, sondern um den Durst nach Leben in einem umfassenderen Sinn (vgl. Wengst 138 f.), mehr noch: Das Wasser aus dieser Quelle wird in das ewige Leben quillen (V.14b). In den Menschen, die von diesem Wasser trinken, entfaltet es seine Kraft (vgl. Schnelle 100) und wird zur Quelle für andere, hier kommt die Dimension der Gemeinschaft in den Blick (vgl. Wengst 139).

In V.15 bittet nun die samaritanische Frau Jesus um eben dieses Wasser. Ihr Motiv, »damit mich nicht dürstet und ich nicht herkommen muss, um zu schöpfen«, klingt zunächst praktisch. Doch die Bitte sollte genauso wenig unterschätzt werden wie die Frau selbst. Sie belegt vielmehr, dass sich die Frau von Jesu Versprechen berühren lässt (vgl. Schnelle 101) und versteht sich auch als Ausdruck ihrer Sehnsucht nach Veränderung und des Durstes nach erfülltem Leben (vgl. Wengst 139).

Weg zur Predigt

Ich treffe ein paar Grundentscheidungen vorweg.

Aufgrund des thematischen Zusammenhangs erweitere ich die Perikope um den einleitenden V.4 und die abschließende Bitte der Frau an Jesus in V.15.

Ich möchte in der Predigt vor allem von der Begegnung am Brunnen erzählen. Dabei scheint mir eine gewisse Zurückhaltung, was theologische Deutung und Auslegung angeht, durchaus angemessen.

Ich nehme mir vor, Jesus und die Frau in ein ausführlicheres Gespräch zu bringen, als es im Text überliefert ist, und trage bewusst Gedanken und Fragen in die Erzählung des Gesprächs ein, um die jeweiligen Perspektiven deutlicher und für die Gemeinde verständlicher und greifbarer zu machen.

Ich verzichte bewusst auf jede Form der Bewertung von Äußerungen, die ein Gefälle zwischen Jesus und der Frau entstehen lassen.

Als Einstieg wähle ich die Frage nach den Trinkgewohnheiten der Gemeinde und folge nach der Lesung dem Predigttext in der geographischen Lokalisierung des Geschehens.

Ich bleibe zunächst auf der Alltagsebene und bei der physischen Bedeutung des Wassers. Mir ist wichtig, Jesus in der Predigt zunächst als den wahrzunehmen, der in der Mittagshitze erschöpft ist und durstig ist und über bestehende Konventionen hinweg um Hilfe bitten kann. Das Grundbedürfnis nach Wasser verbindet die samaritanische Frau und Jesus miteinander. So entstehen Beziehung und die Vertiefung des Gesprächs in der Perikope.

Die Wahrnehmung der Lebenssituation der Frau durch Jesus, die sich hier und im weiteren Verlauf von Joh 4 zeigt, verstehe ich als Ermutigung, den Fragen, Gedanken und Zweifeln der Frau Raum zu geben, ggfs. auch durch eine gesonderte Stimme. Wovon will sie leben? Was braucht sie? Werden dabei auch ohne explizite Beispiele aus unserer Zeit eigene Lebensfragen von Menschen aus der Gemeinde präsent oder braucht es Konkretisierungen?

Am Schluss der Predigt steht uns die Frau mit ihrem Durst nach Leben und der Bitte an Jesus, ihr lebendiges Wasser zu geben, nahe. In der Hoffnung, dass er diesen Durst für immer stillen wird, sind wir mit ihr, mit ihm und miteinander verbunden.

Predigtthema

Jesus spürt und stillt den Durst nach Leben.

Vorschläge zur Liturgie

Psalm: Ps 36,7–10

Gebet
Lebendiger Gott, du Quelle des Lebens,
von dir kommt alles, was wir zum Leben brauchen.
Wir danken dir für alle deine Gaben.
Gib uns heute ein lebendiges Zeichen deiner Gegenwart,
lass uns Kraft schöpfen aus dem Brunnen deiner Güte,
sei das lebendige Wasser für unseren Durst nach Leben.
Das bitten wir dich in Jesu Namen.
Amen.

Lesungen: AT: 2 Kön 5,9–15.19a; Evangelium: Mt 8,5–13

Lieder: Lieder, die Bilder des Textes enthalten: EG 324: Ich singe dir mit Herz und Mund (Strophe 2: »Ich weiß, dass du der Brunn der Gnad und ewge Quelle bist, ...«); EG 447 Lobet den Herren, alle die ihn ehren (Strophe 6: »O treuer Hüter, Brunnen aller Güter, ...«); EG 66 Jesus ist kommen (Strophe 7: »die Quelle der Gnade, komme, wen dürstet und trinke, wer will ...); Das Liederbuch 209 Da wohnt ein Sehnen tief in uns; EG 171 Bewahre uns Gott (Strophe 1: »... sei Quelle und Brot in Wüstennot«)

Vorschlag zur Predigt

Möglicher Anfang

Liebe Gemeinde!

Wahrscheinlich haben Sie sich gewundert, dass Ihnen heute, als Sie die Kirche betraten, ein Glas Wasser angeboten wurde. Regelmäßig und ausreichend zu trinken, ist lebenswichtig. Die Techniker Krankenkasse rät ihren Versicherten, pro Kilogramm Körpergewicht täglich 35 ml Wasser zu sich nehmen. Das sind bei 60 kg Körpergewicht 2,1 Liter am Tag, Sie können ja mal für sich persönlich rechnen ...

Etwa ein Drittel aller Deutschen trinkt aber (wie ich) deutlich zu wenig, belegen Untersuchungen. Ich hoffe Sie gehören zu denen, die ausreichend Flüssigkeit zu sich nehmen, andernfalls kann es zu Konzentrationsstörungen, Kopfschmerzen, Müdigkeit und Erschöpfung kommen.

Mit Erschöpfung und Durst beginnt unser heutiger Predigttext.

Aber hören Sie selbst.

Lesung des Predigttextes Joh 4,4–15

Zum weiteren Verlauf

Wir folgen Jesus heute auf seinem Weg von Judäa nach Galiläa. Er kommt durch Samarien, macht in der Nähe der Stadt Sychar Rast an einem geschichtsträchtigen Ort. Dort, wo einst Jakob seinem Sohn Josef ein Stück Land gab, liegt der Jakobsbrunnen. In gut 30 Metern Tiefe speist er sich aus frischem Quellwasser. Er kann übrigens heute noch besichtigt werden.

Als Jesus an den Brunnen kommt, ist es dort menschenleer. Normalerweise war mehr los. Morgens und abends war die Zeit zum Wasserholen, aber auch für Gespräche, Geschäfte, Beziehungen.

Jesus, auf der Durchreise durch Samarien, scheint nicht gut für sich gesorgt zu haben. Er ist erschöpft und hat Durst. Er braucht eine Pause, während seine Jünger einkaufen sind. Er braucht dringend Wasser, hat aber nicht einmal ein Gerät zum Schöpfen. Da nähert sich eine Frau. Sie muss auch jetzt, wo die Sonne am höchsten steht, hart arbeiten und Wasser holen. Das ist die Gelegenheit für ihn. »Gib mir zu trinken«, bittet er sie. Diese Bitte wird die Frau oft gehört haben. Frauen waren für die Wasserversorgung schließlich meistens verantwortlich. Dennoch ist sie sichtbar irritiert, als Jesus sie anspricht, und äußert das auch: »Wie kommst du eigentlich als Jude darauf, mich als eine samaritanische Frau um Wasser zu bitten?«

Sie hat kein Problem mit der Bitte um Wasser, sondern mit dem, der sie um Wasser bittet. Das Verhältnis von Juden und Samaritanern war aus verschiedenen Gründen schon länger belastet und persönliche Kontakte waren unüblich, erst recht zwischen einem Rabbi und einer Frau.

Ja, wie kommt Jesus eigentlich darauf, eine samaritanische Frau um Wasser zu bitten?

Alleine durch seinen Durst? Wohl kaum. Oder ist das ein weiteres Beispiel dafür, wie sich Jesus über bestehende Konventionen hinwegsetzt, um mit Menschen in Kontakt zu kommen? Oder beides?

Jedenfalls kommt das bei der Frau offenbar erst einmal nicht so gut an. Immerhin lässt sie sich auf ein weiteres Gespräch mit ihm ein.

Ohne zu erfahren, ob die Frau Jesus nun Wasser gibt, greift Jesus den Einwand der Frau auf und dreht den Spieß um: »Wenn du wüsstest, wer ich bin, dann würdest du mich bitten, und ich würde dir lebendiges Wasser geben.« Der, der eben noch um Wasser bittet, bietet nun seinerseits Wasser an. Das lebendige Wasser aus der Quelle kann es wegen der fehlenden Schöpfkelle nicht sein, folgert die Frau. Sie ahnt, dass es um etwas anderes geht. Woher hast du denn lebendiges Wasser, fragt sie. Und sie fragt sich auch, wer der Mann ist, der dieses andere anbietet, etwa mehr als der Vater Jakob, der uns diesen Brunnen gegeben hat?

Ich glaube, die Frau liegt mit ihrer Ahnung sehr richtig. Denn Jesus spricht die Frau nicht auf ihren körperlichen Durst nach Wasser an, da ist sie ja die Expertin. Er schaut die Frau an und spürt offenbar ihren Durst nach einem erfüllten Leben, ihre Sehnsucht nach Veränderung.

Diesen Durst der Frau möchte Jesus stillen und eröffnet ihr nichts weniger als eine neue Lebensperspektive. Die Gabe Gottes, ja, er selbst macht den Unterschied:
Das Wasser aus dem Brunnen, es stillt den Durst für eine gewisse Zeit, dann kommt er zurück. Das Wasser, das Jesus gibt, es stillt den Durst für immer. Mehr noch: In einem Menschen, der von diesem Wasser trinkt, wird es zur Quelle werden, die in das ewige Leben fließt.

Ich stelle mir vor, wie die Frau schier Unmögliches und Undenkbares zu verstehen versucht.
Wie sie förmlich mit sich ringt, ob sie diesem Versprechen und dieser neuen Perspektive trauen soll. Wollte sie sich darauf wirklich einlassen, sie kannte den Mann doch kaum. Konnte sie das zulassen, von einem besseren Leben für sich zu träumen? Bloß nicht wieder enttäuscht werden! Aber wann hatte sie sich jemals von einem Menschen so angesprochen, angenommen, anerkannt gefühlt wie jetzt und hier von ihm?
Sie war losgegangen, um einfach nur wie jeden Tag das Wasser zu holen.
Und nun ist sie vor die Frage gestellt, wovon sie eigentlich lebt und leben will.
Da fallen ihr die Dinge ein, die ihr Leben ausmachen.
Die tägliche Arbeit, die ihr viel abverlangt für das Nötigste zum Leben. Aber ist das alles?
Ihr Bedürfnis nach Liebe in ihren Beziehungen. Aber geht es dabei wirklich um sie?
Die Gemeinschaft im Ort, die ihr eine gewisse Sicherheit gibt. Aber gehört sie wirklich dazu?
Ihr Glaube, in den sie von Kind auf hineingewachsen ist. Warum kann sie nur selten Kraft daraus schöpfen?

Nichts wird dieser Frau geschenkt und jetzt kommt einer daher, der ihr genau das verspricht. Dass er die Quelle ist und Leben schenkt.
Wie gerne würde sie das annehmen!
Wie gerne würde sie wirklich vertrauen!
Wie gerne würde sie Neues entdecken!
Wie gerne möchte sie selbst zur Quelle für andere werden!

Vielleicht kommt Ihnen das bekannt vor.

(Gegebenenfalls könnten hier aktuelle Bezüge hergestellt werden: Wovon leben die Menschen, die Ihnen zuhören? Worin äußert sich der Durst nach Leben heute? Wo erleben Sie, dass dieser Durst gestillt wird?)

Möglicher Schluss

Die samaritanische Frau hat sich von Jesu Worten berühren lassen. Sie hat Mut geschöpft am Brunnen. Sie lässt es drauf ankommen. Sie nimmt Jesu Angebot an:»Herr, gib mir dieses Wasser, damit mich nicht dürstet und ich nicht herkommen muss, um zu schöpfen!« Später berichtet Johannes, wie sie anderen von Jesus und ihrer Erfahrung mit ihm erzählt. Und die anderen spüren etwas von der unerschöpflichen Quelle des Lebens, die in ihr fließt.

In unserem Durst nach Leben kommt uns die Samaritanerin nahe. Wir sind mit ihr verbunden und mit dem, der auch unseren Lebensdurst für immer stillen kann.

Mit ihm, der Durst empfand am Brunnen:»Gib mir zu trinken!« und später am Kreuz:»Mich dürstet.«

Mit ihm, der uns sich selbst verspricht:»Wer an mich glaubt, den wird nimmermehr dürsten.«

Amen.

Gestaltungsidee

Denkbar ist es, den Gedanken der Samaritanerin eine eigene Stimme zu geben, indem sie von einer anderen Person vorgetragen werden.

Symbole, Aktionen

Beim Betreten und beim Verlassen der Kirche wird allen, die zum Gottesdienst kommen, ein Glas Wasser angeboten.

Kontexte und Tipps zum Text

Wohlan alle, die ihr durstig seid, kommt
her zum Wasser, kommt her zu ihm!
Wohlan alle, die ihr durstig seid, kommt
her zu ihm und neigt euer Ohr, und
kommt zu ihm, so wird eure Seele leben.
Quartett Nr. 40 in: Felix Mendelssohn Bartholdy: Elias.
Oratorium nach Worten des Alten Testaments, op. 70

Literatur:

Beutler, Johannes, Das Johannesevangelium, Freiburg 2013

Schnelle, Udo, Das Evangelium nach Johannes (ThHK 4), 3. Aufl., Leipzig 2004

Schottroff, Luise, Die Samaritanerin am Brunnen, in: Jost, R./Kessler, R./Raisig, C. M., Auf Israel hören, Gütersloh 1992, 115 ff.

Wengst, Klaus, Das Johannesevangelium (ThKNT 4), Stuttgart 2019

27. Januar: Gedenktag an die Opfer des Nationalsozialismus
Eph 4,25–32

Monika Lehmann-Etzelmüller

Erste Begegnung mit dem Text

Beim ersten Lesen des Textes bin ich erstaunt. Ich bringe den Abschnitt aus dem Epheserbrief nicht auf Anhieb in Verbindung mit dem Gedenktag an die Opfer des Nationalsozialismus. Ein Blick ins Perikopenbuch hilft mir weiter. Der Chor der Texte thematisiert die Folge mörderischer Tat (Gen 4), setzt dem Hass die Liebe entgegen (1 Joh 2), ermutigt zum mutigen Einstehen für den Glauben und die eigene Überzeugung (Mt 10) und zeigt anhand des Beispiels von Petrus, wie rasch man daran scheitern kann (Lk 22). Der Abschnitt aus Epheser 4 liest sich in diesem Kreis stimmig. Er ergänzt, dass das Stemmen gegen das Böse im Alltag und in der unmittelbaren Umgebung beginnt.

Mir wird die Bedeutung des Gedenktages bewusst. Nie wieder. Die Erinnerung soll auch die nächste Generation erreichen, damit es nie wieder ein Auschwitz gibt. Neben die Trauer und die Erinnerung tritt der Impuls, die Zukunft mitmenschlich und in Frieden zu gestalten und gegen Diskriminierung einzutreten.

In den Gemeinden in meiner Umgebung gab es einige Synagogen, von denen nur noch zwei erhalten sind. Ich habe mit Jugendlichen dort schon Gedenkfeiern gestaltet. Ich bin Mitglied in einem Verein zum Erhalt einer Synagoge. Ich denke deshalb zuerst an die jüdischen Nachbarinnen und Nachbarn, die im Oktober 1940 nach Gurs deportiert wurden. Das ist mein Zugang. Ich mache mir aber klar, dass der Gedenktag aller Opfer gedenkt.

Exegetische Skizze

Im Epheserbrief ist die Frage zentral, wie die christliche Gemeinde sich in der Welt einrichten und in ihr bestehen kann. Die ersten Kapitel beschwören die Einheit von Christinnen und Christen, die trotz ihrer unterschiedlichen Herkunft zusammenhalten. Auch die Heiden haben Anteil am Bürgerrecht Israels und am Bund der Verheißung bekommen. Ab der zweiten Hälfte des 4. Kapitels meditiert der Brief über den neuen Menschen, den Christinnen und Christen wie ein neues Kleid anziehen. Was brauchen sie, um gegen die Macht des Bösen zu kämpfen? Die Paränese in 4,25–32 ist Teil dieses Gedankengangs. Es wird eine Haltung beschrieben, die der Wahrheit und der Versöhnung verpflichtet ist. Menschen können sich ändern und falsche Handlungen aufgeben. Der Text strahlt Optimismus aus: trotz allem, was Menschen einander angetan haben und antun, sie können einander auch zu Mitmenschen werden.

Weg zur Predigt

Einen paränetischen Text zu predigen, fällt mir immer schwer. Appelle empfinde ich als ermüdend; sie wecken eher meinen Widerstand, als dass ich mich ermutigt fühle. Albrecht Grözinger empfiehlt, »vom Leben in der Obhut solcher Tugenden« zu erzählen (Grözinger, Albrecht; Homiletik, Gütersloh 2008, 210). Die Predigt kann von Menschen erzählen, »die ein Verhalten zeigen, das dem Guten dient« (ebd.). Ich entscheide mich dafür, eine narrative Predigt zu schreiben. Ich möchte darin das Anliegen des Gedenktages, die Erinnerung, die Sensibilisierung der nächsten Generation und die Gestaltung der Zukunft aufnehmen. Ich möchte von Menschen erzählen, die in ihrem Umfeld etwas bewirken und die sich von der Erinnerung anrühren und verändern lassen.

Predigtthema

Sich vom Schicksal anderer anrühren lassen und das Gute tun.

Vorschläge zur Liturgie

Begrüßung

Viel Schwere liegt auf diesem Tag. Heute denken wir an die Opfer des Nationalsozialismus.

In unserer Gemeinde waren das vor allem Jüdinnen und Juden. Noch viele andere wurden zu Opfern. Ihre Rechte wurden ihnen genommen, sie wurden verfolgt und viele ermordet. Menschen mit Behinderungen, Menschen, die anders gedacht haben, als die Nazis das wollten, die Widerstand geleistet oder sich verweigert haben, Sinti und Roma, Homosexuelle, Verschleppte, die zur Zwangsarbeit gezwungen wurden.

Viel Schwere liegt auf diesem Tag.

Wir sind gemeinsam hier, um einander durch diesen Tag zu helfen. Durch schlimme Erinnerung und Sorge um das Jetzt.

Wenn wir von hier weggehen, dann möge das Gute groß geworden sein, die Hoffnung und die Liebe.

Wir nehmen sie mit uns, das Gute, die Hoffnung, die Liebe. Wir nehmen sie mit uns dorthin, wo wir leben und arbeiten und anderen begegnen und einstehen für das, was uns wichtig ist.

Wir legen die Erinnerung in diesen Tag. Sie lässt, was war, nicht einfach ins Vergessen sinken. Darum erinnern wir uns. Was wir nicht zu erinnern vermögen, das erinnert Gott. Er ist ewiges Gedächtnis. Nichts und niemand geht ihm verloren.

Psalm: Psalm 74

Lieder: EG 66,5.7 Jesus ist kommen; EG 430,3 Gib Frieden, Herr, gib Frieden; EG 426 Es wird sein in den letzten Tagen; Lass uns den Weg der Gerechtigkeit gehen (M: Maria Pilar de Figuera Lopez, T: Diethard Zils), EG 421 Verleih uns Frieden gnädiglich

Vorschlag zur Predigt

Jedes Jahr nimmt eine der neunten Klassen am Geschichtswettbewerb teil. Das ist so, seit die Schule einmal den Preis geholt hatte. Das ist schon lange her. Die ruhmreiche Tat ist trotzdem in die Schulerinnerung eingeschrieben. Sie waren nach Berlin gefahren. Der Bundespräsident höchstpersönlich hatte ihnen den Preis überreicht. Seitdem ist es Ehrensache. Jedes Jahr nimmt eine der neunten Klassen am Geschichtswettbewerb teil.

Dieses Jahr ist es die 9c. Frau Sauer, die seit über 30 Jahren Geschichte, Gemeinschaftskunde und Deutsch unterrichtet, bringt die Nachricht mit. Sie rückt am Mittwoch damit heraus. Das ist der Tag, an dem die Klasse konzentrierter bei der Sache ist als im Mittagsloch am Montag in der siebten und achten Stunde.

Wie immer braucht es etwas Zeit, bis Frau Sauer aus dem unruhigen Gewusel eine aufnahmefähige Klasse gemacht hat. Sie lässt den Abwehrsturm gegen das Projekt an sich abprallen. Sie stellt das Thema vor: »Spuren suchen und erinnern«. Sie bittet um Vorschläge. Einige werden gleich wieder verworfen, andere sind offensichtlich nicht ernst gemeint. Dann meldet Florian sich.

Bei uns liegen so Steine, sagt er. Gelächter. Florian lässt sich nicht aufhalten. Die liegen vor der Tür, erläutert er. Mit Namen drauf.

Das wird ihr Projekt. Am Montag schauen sie sich die Steine an. Lotte Schlösser steht auf dem einen. Geboren 1922. Rosa Schlösser. Geboren im Dezember 1886. Am 22. Oktober 1940 nach Gurs deportiert. Ermordet in Auschwitz. Frau Sauer kann sehen, wie einige zu rechnen beginnen. Die war ja erst 18. Sie nickt. Einen Augenblick ist es ganz still. Dann kommt Florians Mutter aus dem Haus, mit Saft und Keksen, und die Stille platzt.

Schon in der nächsten Stunde teilt Frau Sauer die Projektgruppen ein. Forschergruppen nennt sie sie. Eine Gruppe soll rausfinden, was Stolpersteine sind. Andere erforschen die Geschichte jüdischen Lebens am Ort, das Schicksal der jüdischen Bevölkerung während des Nationalsozialismus und was es mit Gurs auf sich hat. Als alle Aufgaben vergeben waren, bleiben drei übrig, Valentina, Ahmat und Florian.

Florian findet, er habe als Ideengeber schon genug für das Projekt getan. Damit kommt er bei Frau Sauer natürlich nicht durch. Ahmat geht die ganze Zeit im Kopf herum, wie in seinem Umfeld über Juden geredet wird. Das will er Frau Sauer aber lieber nicht sagen. Was können wir denn noch machen?, fragt Valentina. Frau Sauer überlegt. »Ihr könnt«, sagt sie nach kurzem Nachdenken, »Interviews führen. Es gibt bestimmt noch Menschen, die etwas wissen von der Familie, die früher in Florians Haus gewohnt hat.«

In der nächsten Geschichtsstunde bringt Frau Sauer Frau Gölz-Henning mit. Florian kennt sie, Frau Gölz-Henning hat ihn letztes Jahr konfirmiert. Sie ist seit 15 Jahren Pfarrerin am Ort, unterrichtet Reli an der Schule und kennt vielleicht nicht alle, aber doch sehr viele Menschen. Sie hat gleich Ideen, wen Valentina, Florian und Ahmat interviewen können. Florian geht zu Herrn Rapp. Herr Rapp weiß alles über den Ort. Er ist eine wandelnde Ortschronik, verspricht ihm Frau Gölz-Henning. Und er freut sich, wenn sich jemand dafür interessiert. Florian merkt schnell, wie sehr das stimmt. Dicke Bücher und handschriftliche Notizen in Schnellheftern erwarten ihn, als er Herrn Rapps Wohnzimmer betritt. Herr Rapp weiß wirklich alles, als wäre er selbst dabei gewesen. Er erzählt, wie der Ort früher aussah. Ein Dorf, in dem jeder jeden kannte. Es gab viele jüdische Familien im Dorf. Sie betrieben eine Metzgerei, einen Kaufladen, eine Tabakfabrik; eine Familie hatte ein Geschäft mit Kleidung und Kurzwaren. Da haben die jungen Frauen ihre Aussteuer gekauft. Manche waren Hausierer, die zogen von Dorf zu Dorf und haben Garn und anderes Zeug zum Nähen verkauft. Florian erfährt, was Aussteuer bedeutet und was Hausierer sind. Herr Rapp erzählt davon, wie den Jüdinnen und Juden immer mehr untersagt wurde. An dem Geschäft mit der Aussteuer wurde die Treppe abgerissen, dass keiner mehr hinein konnte. Florian hört vom gelben Stern. Herr Rapp erzählt, wie die Synagoge in Brand gesteckt wurde. Und vom 22. Oktober 1940. Da haben sie die geholt, die nicht flüchten konnten oder glaubten, es werde nicht so schlimm kommen. Lotte war die Jüngste. 18. Cäsar Oppenheimer aus der Familie mit dem Aussteuergeschäft war der älteste. Er war schon über 90.

Zu Hause versucht Florian, aus den Notizen in seinem Handy einen Forscherbericht zu machen. Nach einer Weile setzt sein Vater sich zu ihm. Er stellt eine heiße Schokolade vor Florian ab. Er denkt einen Augenblick daran, was die alte Nachbarin von gegenüber zu ihm gesagt hat, als sie hier eingezogen sind. Das ist ein Judenhaus. Sie hatte es ihm zugezischt wie eine schlechte Nachricht. Das Haus ist mehrmals umgebaut worden, dass kaum etwas von dem alten Gebäude übrig ist. Trotzdem ist noch etwas da, etwas von Rosa und von Lotte. Er hilft seinem Sohn, bis beiden fast die Augen zufallen.

Ahmat besucht Frau Klemm. Sie ist schon fast 100 und lebt im Alten- und Pflegeheim. Frau Gölz-Henning hat den Kontakt zu ihrer Tochter hergestellt. Beide erwarten Ahmat in Frau Klemms Zimmer. Ahmat kennt das Pflegeheim. Oft besucht er hier die Tante seiner Mutter und geht mit ihr spazieren. Die anderen müssen das nicht wissen. Darum achtet er sorgfältig darauf, nicht Valentina zu begegnen. Ihre Oma wohnt im Stock darunter. Frau Klemms Zimmer hat denselben Schnitt wie bei Ahmats Großtante. Nur mit sehr viel mehr Möbeln. An den Wänden hängen viele Fotos. Ahmat streift sie mit seinem Blick. Manche sind alt und vergilbt, andere nagelneu. Ein selbstgemachter Kalender hängt auch da, an dessen Rand »Für Uroma« steht. Er versinkt in einem tiefen Sessel. Frau Klemm sieht aus wie ein kleiner Vogel. Zusammengekauert sitzt sie im Sessel wie in einem Nest. Aber ihre Stimme ist ganz klar. Sie fängt sofort an zu erzählen. Von der Schule. Und von Lotte. Sie war die kleinste in der Klasse. Ganz dünn. Lange Zöpfe hat sie gehabt. Und ängstlich war sie. Sie haben Ball gespielt. Und Hinkeln. Frau Klemms Gesicht leuchtet. Sie ist wieder ein kleines Mädchen, das auf der Gasse spielt. In der Schule gab es einen Lehrer. Der hat jede Woche einen Hitlerspruch im Flur aufgehängt. Den musste man im Vorbeigehen lernen. Wer es nicht konnte, bekam Schläge. Auf Lotte hat er es besonders abgesehen. Das leuchtende Kindergesicht unter den vielen Runzeln erlischt. Aber es gab noch einen anderen Lehrer. Der hat versucht, die Kinder zu beschützen. Er hatte nur ein Bein; das andere hat er im ersten Weltkrieg verloren. – War das unsere Schule? Ahmat versucht sich zu erinnern, wann das alte Gebäude gebaut wurde. Frau Klemm ist schon weiter. Sie durften nichts mitnehmen. Sie wurden auf die Lastwägen getrieben. Die SA war das. Auf die Lastwägen. Wie Vieh. Frau Klemm beginnt zu weinen. Ahmat hat bisher kaum einen Satz gesagt. Auch jetzt weiß er nicht, was er sagen soll. Frau Klemms Tochter legt den Arm um ihre Mutter. Bittend schaut sie Ahmat an. Der springt auf und geht zur Tür. Fast schon draußen dreht er sich noch einmal um und geht zurück. Er sagt Danke und drückt Frau Klemm die Hand. Er verbeugt sich sogar ein bisschen, wie sie das in der Familie tun vor den Alten, die Weisheit haben. Die Tochter nickt ihm zu. Die Luft draußen ist frisch und kühl. Es ist Herbst, ein sonniger Tag Ende Oktober. Oktober, denkt Ahmat. Oktober. Genau unter diesem Himmel. Sie war die Kleinste.

Valentina geht zu Florians Nachbarin. Eigentlich war das Florians Job. Aber er hat sie so gebeten, mit ihm zu tauschen. Also ist sie es nun, die an dem blaugestrichenen Hoftor klingelt. Als die Tür aufgeht, sieht Valentina, dass Frau Fleming etwa so alt ist wie ihre eigene Mutter. Aber die Familie wohnt schon seit mehreren Generationen in dem alten Haus. Frau Fleming weiß vielleicht etwas, das ihre Eltern oder Großeltern ihr erzählt haben. Sie erwartet Valentina. Sie hat sogar Kuchen gebacken und schenkt Valentina eine Cola ein. Sie fragt nach dem Projekt und ein paar Erwachsenenfragen, wie es in der Schule geht und was Valentina später machen will. Dann erzählt sie. Valentina nimmt alles auf.

Als Lotte und Rosa noch da waren, haben Frau Flemings Großeltern und Urgroßeltern in dem Haus gewohnt. Sie haben manchmal von ihnen erzählt. Frau Flemings Uroma ist oft rübergegangen zu den Schlössers. Rosa und sie haben an den Winterabenden gestrickt. Am Feiertag, an dem die Juden nicht arbeiten dürfen, hat sie das Feuer angefacht. Lotte hatte noch einen Bruder. Moritz. Der Moritz ist irgendwann in den dreißiger Jahren nach Amerika ausgewandert. Er wollte immer, dass Rosa und Lotte nachkommen. Rosa wollte aber nicht. Ihr Vater lebte noch und war schon sehr alt. Er war der letzte, der auf dem jüdischen Friedhof beerdigt wurde. Als Frau Fleming Valentinas fragenden Blick sieht, weist sie mit den Händen Richtung Wald. Oben am Berg ist der, erklärt sie.

Oma hat mir mal von dem Tag erzählt, als sie abgeholt wurden. Sie war damals nur ein paar Jahre älter als Lotte und frisch verheiratet. Die SA kam in der Frühe und hat das ganze Haus verwüstet. Rosa und Lotte standen vor der Tür mit ein paar Habseligkeiten. Die Uroma ist dann rüber und hat sich vor sie gestellt. Da kam einer von der SA und hat ihr mit einem Knüppel gedroht. Dass er sie auch gleich mitnimmt, hat er gesagt. Die Uroma und die Oma sind dann zum Rathausplatz mitgegangen. Sie haben gesehen, wie Lotte und Rosa auf den Lastwagen steigen mussten. Lotte hat geweint. Das haben sie immer gesagt. Lotte hat geweint. Und dass sie sie nie wiedergesehen haben. Nach dem Krieg war Moritz einmal hier. Er hat nach Lotte und Rosa gefragt und nach den letzten Monaten, als sie noch hier gewohnt haben.

Frau Fleming schweigt für eine Zeit. Dann zeigt sie aus dem Fenster. Meine Uroma ist auch immer in die Synagoge gegangen und hat die Kerzen dort angezündet. Am Feiertag sollten die Juden das ja nicht selbst tun. Valentinas Augen folgen dem Fingerzeig. Wo war die Synagoge?, fragt sie. Na, da drüben stand sie, wo jetzt der Parkplatz ist.

Als Valentina ihre Cola ausgetrunken und sich verabschiedet hat, geht sie hinüber zu dem kleinen Parkplatz mit den zubetonierten Erinnerungen. Noch nie ist ihr die Tafel aufgefallen, die an der Hauswand eingelassen ist. Cäsar Oppenheimer-Platz liest sie. Sie verbrennen dein Heiligtum. Sie verbrennen alle Gotteshäuser im Lande. Psalm 74. Hier stand von 1887 bis 1938 die Synagoge der jüdischen Gemeinde. Valentina schaut hinunter auf den schmutzigen Asphalt. Vor einigen Wochen hat ihre Mutter ihr ein Foto auf dem Handy gezeigt. In der Kirche bist du getauft worden, hat sie weinend gesagt. Die Kirche ist ausgebrannt, der Turm zusammengefallen. Dem Asphalt ist nicht anzusehen, dass hier einmal heiliger Boden war. Valentina sieht die Kirche vor sich. Sie fühlt die Trauer und das Heimweh ihrer Mutter in sich schmerzen. Dann erscheint ein anderes Gebäude zwischen den Autos, schlicht und klein, verlassen und verbrannt.

Zu Hause setzt Valentina sich an den Schreibtisch. Sie möchte ihren Forscherbericht gleich ins Reine schreiben. Ihre Gedanken wandern. Könnte Moritz noch leben? Eher unwahrscheinlich, er war ja älter als Lotte. Vielleicht hat er aber Kinder, Enkel und Urenkel. Nach ein paar Minuten gibt Valentina auf und legt das iPad weg. Der Weg geht steil den Berg hoch, aber weit ist es nicht. Der jüdische Friedhof ist hinter einer dichten Hecke verborgen. Ein niedriger Zaun umgrenzt ihn. Das Eingangstor ist umso höher und verschlossen. Valentina geht eine Weile den Zaun entlang, bis sie eine Stelle findet, an der die Hecke eine Lücke lässt. Kurzentschlossen steigt sie über den Zaun und zwängt sich zwischen den Zweigen durch. Der Friedhof ist riesig. Er zieht sich zwischen alten Bäumen weit den Hang hinauf. Es ist still. Nur manchmal raschelt ein Vogel in den Bäumen. Valentina kann sich nicht entscheiden, ob die Stille friedlich oder traurig oder mal das eine, mal das andere ist. Mit den Fingern zeichnet sie die fremden Schriftzeichen nach. Das Grab von Lottes Opa wird sie nicht finden. Bevor sie zurück über den Zaun steigt, legt sie einen kleinen Stein auf einen der Grabsteine. Es liegen schon andere dort. Viel besser als Blumen, denkt sie, die dann verwelken müssen. Ich war da. Etwas von mir bleibt hier.

Als nach den Weihnachtsferien die Schule wieder losgeht, ist die Projektarbeit fast fertig. Frau Gölz-Henning lädt die Klasse in einen Gottesdienst ein. An diesem Tag wird an die Opfer des Nationalsozialismus gedacht. Nach dem Gottesdienst wird die Klasse in einer Ausstellung ihr Projekt vorstellen. In den Geschichtsstunden malen sie Plakate dafür. Ahmat zögert. Aber dann ist er doch neugierig auf die christliche Kirche. Seine Eltern sind skeptisch, aber es ist ja für die Schule. Florian geht sowieso hin. Frau Götz-Henning hat ihm die Lesung aufgeschwatzt. Valentina freut sich darauf, das Projekt vorzustellen und lädt Frau Fleming mit einer WhatsApp ein.

Als das Orgelspiel den Gottesdienst beginnen lässt, schaut Valentina sich um. Ihre Mutter ist gekommen, wie versprochen. Florians Eltern sitzen neben ihr. Frau Fleming winkt ihr aus einer der Reihen dahinter zu. Valentina ist aufgeregt wie vor einer Prüfung. Innerlich geht sie durch, was sie nachher sagen möchte. An einer Stelle merkt sie auf. Sie verbrennen dein Heiligtum. Sie verbrennen alle Gotteshäuser im Lande. Sie erkennt die Worte wieder und betet den Psalm mit.

Ahmat hat sich beim Hineingehen gefragt, ob er angesprochen wird. Jeder wird ihm doch ansehen, dass er nicht dazugehört. Aber eine freundliche Frau hat ihm nur ein Gesangbuch in die Hand gedrückt und ihn herzlich willkommen geheißen. Er verfolgt im Gottesdienst jedes Wort.

Florian ist kein bisschen aufgeregt. Das einzige, was ihm Sorge bereitet, ist, ob er nach dem Gottesdienst rechtzeitig zu seinem Fußballspiel kommt. Als Konfirmand hat er schon ab und an die Lesung gehalten. Die Bibel liegt schon an der richtigen Stelle aufgeschlagen auf dem Pult. Florian liest:
Textlesung Epheser 4,25–32

Frau Sauer lässt sich in den Gottesdienst hineinfallen. Sie wird ganz ruhig. Wie gut tut das. Die ersten Wochen im neuen Jahr mit dem Spurt auf das Halbjahr zu sind anstrengend. Sie freut sich, dass so viele Menschen gekommen sind. Die Spurensuche und die Erinnerung liegen auch ihnen am Herzen. Es gibt auch andere. Das weiß sie. Über die Lesung wundert Frau Sauer sich. Sie hätte mit einem anderen Text gerechnet. Wie der Psalm, der die Zerstörung benennt. Oder eine zornige Prophetenrede gegen das Unrecht. Stattdessen zusammengewürfelte Mahnungen. Sie hängt den Worten nach, dreht sie hin und her. Frau Gölz-Hennings Predigt helfen ihr, den Sinn zu finden. Sich selbst zu verändern, das eigene Tun zu prüfen, darum geht es. Das gehört zum Erinnern dazu. Im eigenen Umfeld etwas anstoßen, das Kreise zieht. So wie ihr Projekt.

Nach dem Gottesdienst besuchen viele die Ausstellung. Dann gehen alle nach Hause.

Frau Sauer brüht sich einen Tee auf. Sie ist schon manchmal an ihrem Beruf fast verzweifelt. Während sie wartet, dass das Wasser kocht, denkt sie: Es lohnt sich. Es lohnt sich immer.

Ahmat ist auf dem Weg nach Hause. Menschen können es anders machen. Das hat Florian vorgelesen. Sie können anders handeln als zuvor. Er wird nicht mehr über Judenwitze lachen.

Valentina schaut zu Hause in den Spiegel. Sie teilt ihre sorgsam gestylten Haare in zwei Teile und flicht sich Zöpfe. Bald bin ich so alt wie Lotte damals war, denkt sie, bevor sie die Zöpfe wieder entwirrt.

Florian kommt später vom Fußball nach Hause. Neben der Tür lässt er seine Sporttasche fallen. »Pack das Trikot gleich in die Waschmaschine«, ruft sein Vater aus der Küche. In der Waschküche nimmt Florian einen Putzlappen aus dem Wäschekorb, macht ihn nass und sprüht etwas Reiniger drauf. Er geht hinaus und putzt die beiden Stolpersteine, bis sie blitzblank sind.

Gestaltungsidee
Eigene Geschichten erzählen und den Spuren vor Ort nachgehen.

Martin Franke-Coulbeaut

Erste Begegnung mit dem Text

Abseits der Kriege ein bukolisches Bild: Der Mann mit dem ägyptischen Namen weidet Schafe in Midian, dem Land, in das er geflohen ist. Dort wo noch Ruhe herrscht, statt Unterdrückung und (Bürger-)Krieg: Es ist nicht weit bis nach Ägypten, bis in die Ukraine, nach Russland, Gaza oder Israel. Doch die Nachrichten von den Toten sind fern, bescheidener Wohlstand wiegt in Sicherheit – bis eine Flamme das Pulverfass entzündet.

Der befürchtete Flächenbrand bleibt aus: Was ist das, ein brennender Dornbusch? Du musst hingehen und selber sehen. Fremdheit lässt dich zögern, macht demütig und sanft: Unbeschuht und unbeschützt näherst du dich. Die Erscheinung will dir etwas sagen, bis heute: Wir sind in keinem kalten Weltenraum; das Leben antwortet, gibt Resonanz – G*tt hört die Stimmen aller Opfer. Ihre*seine Rede meint dich. G*tt wird sein und bleiben, bei dir und bei allen: Isra-el, G*tt kämpft, in Ägypten, G*tt spricht im Land des Streits: Midian (»Streitsache« oder »Urteil«).

Exegetische Skizze

Bei Abweichungen der Literarkritik im Detail ist relativ unumstritten, dass die Berufung in Ex 3,1–4,18 einen Einschub in eine vorliegende politische Mose-Erzählung darstellt. Er besteht wesentlich in der Selbstoffenbarung G*ttes gegenüber Mose, in welcher der Gottesname in Ex 3,14 eine große Wirkungsgeschichte entfaltet hat. Die unabgeschlossene Zeitform des hebräischen Imperfekts unterstützt hier die Erzählung des Aufbruchs, Auswegs und Auszugs.

Im Hebräischen spielt der Text mit ‏ראה‎ = »sehen« in verschiedenen Formen. Das kann man (mit bewusster Irritation) übersetzen, wenn

G*tt (oder sein Bote) nicht »erscheint«, sondern »sich sehen lässt« und Mose »das Aus-sehen/Schau-spiel an-sehen« geht (Ex 3,3). Dann fällt auf, dass es trotz vieler Worte zunächst nicht um Aktivität, gar sich beschleunigende Arbeit wie in Ägypten, sondern um Wahrnehmung geht, gerade bei G*tt, der in 3,7 »sieht«, »hört« und »erinnert/verinnerlicht«.

Fasziniert hat mich in der Vorbereitung, wie die vielfache je zeitgemäße Bearbeitung die Exodus-Erzählung zu einer komplexen Geschichte gemacht hat, die verschiedenste Lebenssituationen erhellen kann. Verkürzt zusammengefasst ist diese Erzählung:

1. eine Befreiungserzählung, die vermutlich schon im 9. Jh. v. Christus die Unabhängigkeit des Nordreichs Israels von den Großmächten fördern wollte. 2. enthält sie eine Gottesberg-Verfassung, die vermutlich im zerstörten Palästina gebliebenen Israelit*innen nach 586 v. Chr. eine Gesellschaftsvision gab. 3. Die eher aus dem babylonischen Exil stammende deuteronomistische Überarbeitung passte die Katastrophe der Komplettzerstörung in eine Schuldgeschichte Israels ein; damit verschärft sie nicht nur Vorschriften, sondern gibt gerade Niederlagen einen Sinn. Für Kirchen in gesellschaftlicher Minderheitensituation erhellend ist 4. die priesterliche Redaktion, der es gelang, mitten in der Vielzahl antiker Religionen eine Kultgemeinschaft ohne Tempel und staatliche Unterstützung aufzubauen: Sie erhält die jüdische Religion durch liturgische Regeln. Schließlich wird 5. diese mehrfach gebrochene Befreiungs- und Aufbruchsgeschichte zum Zentrum der Thora, indem diese von ihrer Fortsetzung im deuternomistischen Geschichtswerk abgetrennt wurde – möglicherweise, weil persische Herrschende in der martialischen Landnahme-Erzählung Grundlagen für politische (Gebiets-) Forderungen in Palästina entdeckten.

Der Exodus ist so Symbolerzählung für den Auszug, Befreiung aus verschiedensten Gefangenschaften, Zukunftshoffnung, Gemeinschafts- und Gesellschaftsmodell sowie sinnstiftendes Epos geworden. Ägypten ist in dieser Erzählung das Symbol für Unterdrückung und kein konkreter Staat mehr. Ebenso werden die wenigen Sippen (gewiss noch kein Volk Israel) zum Symbol des gesellschaftlichen und individuellen Aufbruchs. Mose, der Mann, den es vielleicht nie gegeben hat, wird zum wirkmächtigen Coach: eine Heldenfigur. Vielschichtiger und damit in unterschiedlichsten Situationen hilfreich kann ich mir eine Geschichte kaum vorstellen.

Weg zur Predigt

Neben den angedeuteten Überarbeitungen, die je auf andere Zeit- und Lebensfragen antworten, finde ich die hebräischen Wortspiele mit »sehen« und Wahrnehmung allgemein ergiebig für die Predigt.

Predigtthema

G*tt ist in meinen Aktivitäten und Terminen, gerade wo ich sie*ihn nicht wahrnehme. G*tt ist zuerst Wahrnehmung, Bewusstheit des Lebens – diese helle Flamme, die nichts verbrennt, verändert alles.

Vorschläge zur Liturgie

Der letzte Sonntag nach Epiphanias ist der Abschied von Weihnachten: Es ist gut, wenn hier nicht nur das weiße Parament noch einmal auf das Christusfest hinweist, sondern auch noch einmal Kerzenschein, Stern und vielleicht auch die Krippe eine Bedeutung erhalten. Der Wochenspruch (Jes 60,2b) erhellt das Leben und der (lange) Predigttext verweist auf die leuchtende Nähe G*ttes.

Gebet zum Eingang
Psalm 97,1–12 oder zum Abschluss der Weihnachtszeit nochmal Joh 1,1–5.10–12a.14.16 mit Kehrvers 3,16 (so eingerichtet in EGplus 184).

Lesungen: Man kann die Mose-Berufung mit der Verklärung Jesu in Mt 17,1–9(10–13) als Lesung fortführen. Mir liegen die beiden Episteltexte vom Morgenstern (2 Petr 1,16–19) oder hellen Schein in unseren Herzen (2 Kor 4,6–10) als Lesungen näher.

Kyrie und Gloria
Mit Namen kennst du mich, G*tt.
Und doch denke ich manchmal, dass du mich übersiehst.
Dass mein kleines Alltagsleben dir nicht so wichtig scheint.

Mit Namen rufst du mich, G*tt.
Und doch fühle ich mich nicht immer angesprochen,
scheinst du mir manchmal so fern, dass ich dich vergesse.

Mit Namen gibst auch du dich mir zu erkennen, G*tt.
Verzeih mir, wenn ich diesen zu selten nutze, unsere Beziehung schleifen lasse.
Sei du da – in meinen Wegen und Irrwegen!

G*tt spricht: Hab keine Angst, denn ich habe dich befreit, ich habe deinen Namen gerufen, zu mir gehörst du. (Jes 43,1b in der Bibel in gerechter Sprache)

Fürbitten

DU, leuchtend in einer Welt voller Dunkelheit, Angst und Bedrohung, zeige dich, wenn wir Orientierung und Klarheit brauchen.
DU, wärmend in einer Welt voller Kälte, Feindschaft und Einsamkeit, zeige dich, wo immer Menschen Liebe, Trost und Ermutigung brauchen.
Lass uns immer wieder überrascht deine leuchtenden Flammen wahrnehmen,
die nicht verzehren – wie damals am Dornbusch.
Lass uns immer wieder die Schuhe ausziehen: empfindsam, einfühlsam, verletzlich werden,
um mit dir in Kontakt zu bleiben, die*der DU Liebe bist.
Schenke uns den hellen Schein, der unsere Gesichter leuchten lässt und auch andere wärmt und froh macht in liebevollem Umgang.
So bitten wir dich heute besonders für ...

Lieder: EG 69 Der Morgenstern ist aufgedrungen; EG 70 Wie schön leuchtet der Morgenstern; EG (Hessen) 542 Stern über Bethlehem; EG plus 3 Sehen können, was kein Auge sieht; EG plus 4 Es wird nicht immer dunkel sein; EG plus 83 Siyahamba – We are marching in the light of God (Gospel); EG plus 107 Jésus le Christ, lumière intérieure (Taizé)

Vorschlag zur Predigt

Der Vorschlag legt den Text erzählend aus und geht dabei inhaltlich von der politischen Mose-Erzählung aus, obwohl nur die heutige Textgestalt gelesen wird. Spätere Ergänzungen werden am Ende nur angedeutet. Ich empfehle den Text auf die Predigt zu verteilen und gebe dazu in eckigen Klammern die Verse an.

(»Parkplätze« für eigene Bilder der Arbeitsüberlastung gibt es in dieser Erzählung viele.)

Möglicher Anfang

Ein neues Leben hatte er beginnen wollen, weit weg von den Städten. Mose war auf der Flucht – vor Strafverfolgung und eigener Schuld, auf der Flucht aus Ungerechtigkeit und Bedrängnis, auf der Flucht aus Ägypten. Ägypten muss kein konkretes Land (gewesen) sein. Ägypten steht für jede ausweglose Situation, jede Überlastung, jedes Burn-out. Ägypten ist ein Symbol der Gefangenschaft. Auch der Gefangenschaft in Dynastielisten, Regierungszeiten, den eigenen Planungen und Terminen. [Hier sind lebensnahe Beispiele aus der Gemeinde sinnvoll.] Midian, das Land, in das Mose flieht, ist in dieser Geschichte das Gegenteil davon: das Land der Weite und der Freiheit, in dem Mose aufgenommen wird und sich mit neuer Arbeit als Hirte ansiedeln will. Das Land, in dem er sich verliebt. Ein Land ohne Pyramiden und Terminkalender. (Ex 2,21–22)

Und wenn sie nicht gestorben sind, so leben sie noch heute – so könnte die Geschichte hier zu Ende gehen. Aber so wurde sie nicht stehen gelassen: Etwas wird Mose zurücktreiben. (Ex 4,18)
Warum kehrt jemand ins Hamsterrad zurück? Warum kann Frieden nicht das letzte Wort sein? Sind es nur die Geschwister, die Mose wiedersehen möchte?
Was Mose in Ägypten vorfinden wird, wissen wir: Arbeit, die mehr wird und schneller. Arbeit, die nicht mehr lebensfreundlich ist – aus der wir uns selbst und andere aber auch nicht einfach entlassen: Die wiederkehrenden Termine von Saat bis Ernte, Haushaltsaufstellung bis Jahresabschluss; Rechnungen gab es schon im Alten Ägypten. Zum Jahreswechsel haben wir die Akten abgelegt und neue Kalender aufgehängt. Wir leben zwischen Planungen, Projektentwürfen und Archiven [Diese Stichwörter können persönlich ausgebaut werden.]. Wunderzeichen und zehn Plagen wird es brauchen, bevor der Pharao uns ziehen lässt, damit das Sterben aufhört, das innere und das äußere.
Aus diesen Kreisläufen ist Mose geflohen, aus der ägyptischen Agenda von Arbeit, Essen, Schlafen und wieder Arbeit. Mose ist in der schriftlosen Wüste angekommen und entdeckt dort ein Leuchten. (Ex 3,1–3)

In der ägyptischen Helligkeit unserer Planungen sehen wir die Flamme nicht. Doch im Text geht es ums Sehen: G*tt sieht und lässt sich sehen (im Hebräischen kommen beide Worte aus derselben Wurzel). Ob im Nachtdunkel oder am helllichten Tag: Mose sieht plötzlich etwas. Eine Flamme hebt sich ab. (Ex 3,4–5)

Wer sich nähern will, etwas näher sehen und begreifen will, muss die Schuhe ausziehen, vorsichtig werden, sensibel, vielleicht auch demütig. In Ägypten noch stand Mose in seinen Schuhen – dort hatte er einen Mann erschlagen und später verscharrt. Das wäre ihm jetzt eine zu große Last: Er spürt jeden Kiesel unter seinen Sohlen, die Sandkörner zwischen den Zehen. Schon sein eigenes Gewicht lastet plötzlich schwer auf den Füßen. Warum ist er hier?

Zum weiteren Verlauf
Wenn G*tt sich einmischt in die Planungen, geschieht – zunächst einmal nichts. Besser gesagt: Wir nehmen es nicht wahr. Über 400 Jahre lang haben die Israelitinnen und Israeliten in Ägypten in dieser Erzählung nichts von G*tt wahrgenommen. G*tt handelt nicht, wie Menschen es erwarten: Sie ist kein Feldherr, der seine Truppen in eine Befreiungsschlacht jagt. Er ist keine Lehrerin, die Zensuren, Lob und Tadel verteilt. Sie ist kein Dirigent, der verschiedene Stimmen harmonisch zusammenführt. G*tt ist keine Pfarrerin, die tröstet oder Predigten hält. G*tt ist auch keine Ehrenamtliche, die sich projektweise intensiv engagiert. G*tt handelt nicht, wie wir es erwarten. G*tt passt in keine unserer Kategorien, auch in der Kirche nicht.
G*tt nimmt wahr: G*tt sieht, G*tt hört, G*tt erinnert. So spricht G*tt selbst aus der Flamme des Dornbuschs: (Ex 3,6–7)
Gesehen, gehört und erkannt (»verinnerlicht« oder »erinnert«): G*tt ist zuerst Wahrnehmung, die innere wie die äußere. In dieser Erzählung erhört G*tt keine Gebete; denn niemand hat G*tt gerufen. Menschen im ägyptischen Hamsterrad oder modernen Burn-out rufen nicht zu G*tt und nicht um Hilfe. Sie stöhnen vor Schmerzen, vielleicht vor Wut. Doch G*tt sieht, G*tt hört, G*tt erinnert.

(Ex 3,8–10) Der Auftrag ist eine Zumutung: Mose kann sich nicht vorstellen, wie ausgerechnet er nach Ägypten zurückgehen, geschweige denn den Unheilskreislauf unterbrechen soll.

(Ex 3,11–12a) Das ist das Versprechen: »Ich will mit dir sein.« In Ägypten, in deiner Arbeit, in deinen Aufbrüchen in Unbekanntes und in die Zukunft. (Hier ist wieder Platz für gemeindebezogene Beispiele.) Dieses Versprechen führt zu etwas grundlegend Neuem: Der Auftrag verknüpft Moses' Agenda mit G*ttes Vorhaben – und zieht umgekehrt G*tt in Moses Handlungen und Terminkalender mit hinein. Menschengeschichte in G*ttesvorhaben und Menschenplanung in G*ttes Geschichte. G*tt, nicht fassbar und von mir oft übersehen, hat sich in meinen Terminkalender hineinbegeben – vermutlich gerade dann, wenn ich nicht im Gottesdienst bin, keine Zeit und keine Andacht habe: G*tt ist da!

Möglicher Schluss

Spätere Generationen werden diese Geschichte überarbeiten. Sie werden Zeichen fordern – wie sollen wir uns sonst denn sicher sein, dass wirklich G*tt spricht? (Ex 3,12b)
Doch die Flamme, die nichts verzehrt, erhellt das Leben: Wahrnehmung und Bewusstheit – mehr braucht es nicht.
Spätere Generationen werden den Namen G*ttes erfragen – und damit einen Ausweg aus ihrem Ägypten, ihrem Hamsterrad, finden. Die Antwort wird mystisch und revolutionär sein: (Ex 3,13–14).
»Ich werde sein, die ich sein werde«, nicht immer gleich, sondern immer neu werdend. Mit diesem Gottesnamen sind alle Kreisläufe durchbrochen, der Ausweg aus dem blinden Schicksal wiederkehrender Jahresabläufe und Arbeitszeiten schon gefunden, das Gelobte Land schon sichtbar. Denn G*tt ist nicht mehr das Immer-Seiende, Gleich-Bleibende, G*tt ist das Werdende!
Kalender, Archive und Planungen werden wichtig, weil G*tt mit uns lernt und wächst. Die Geschichte, die wir erzählen, ist eine Lektion des Lernens. Immer mit offenem Ausgang, nie ganz zu Ende. Weil G*tt stets weiterlernt, weil auch wir Menschen erst werden.
Sie ist Hoffnung für das Kommende. Weil G*tt mitgeht. Weil G*tt sein wird, die sie sein wird.

Gestaltungsidee

Das Epiphanias-Ende ist der Abschluss des Weihnachtsfestkreises: Warum nicht im Laufe des Gottesdienstes mehr und mehr Kerzen entzünden (und dabei Reste verbrauchen)? Auch die Lieder können von

»Es wird nicht immer dunkel sein« über »Stern über Bethlehem« bis »Wie schön leuchtet der Morgenstern« immer strahlender werden.

Symbole, Aktionen

In der Predigt deute ich literarkritisch unterscheidbare Schichten nur an; sie machen Aussagen deutlicher. In Vor- oder Nachgespräch ist der rekonstruierte Text der politischen Mosegeschichte (z. B. nach Rainer Albertz) und die Intention der jeweiligen Ergänzung spannend. Es wird schnell erkennbar, warum diese Geschichte so symbolisch dicht und vieldeutig ist.

Kontexte und Tipps zum Text

Andere Kulturen kennen Göttergeschichte und Menschengeschichte. Heilige Geschichte aber ist eine Geschichte, die Gott mit den Menschen gemeinsam hat oder macht, und das ist eine exklusiv biblische Idee [...].
Jan Assmann, 163

Dieser Gott ist nicht einfach einer der welterhaltenden Götter, der sich über die anderen erhoben und als der größte und stärkste gegen sie durchgesetzt hat, sondern ein ganz anderer, ein neuer Gott, der die kreisende Zeit der In-Gang-Haltung in die gerichtete Zeit der Zukünftigkeit verwandelt.
[...] Diese Umorientierung betrifft nicht nur die Zukunft, in die jetzt geblickt wird als die Erfüllung von Verheißungen, als Erfüllungshorizont des versprochenen Heils, sondern sie betrifft auch die Vergangenheit, die erst jetzt in ihrer weiten Erstreckung erzählbar wird. Die altorientalischen Reiche, Ägypten und Mesopotamien, hatten Königslisten mit Regierungszeiten, mit deren Hilfe sie die Vergangenheit bis in fabelhafte Tiefen hinein ausmessen konnten. Diese Vergangenheit wurde ihnen aber nicht zum Gegenstand von Erzählung. Damit die Vergangenheit erzählbar wird, muss sie eine Bedeutung für das Selbstbild, die Identität der Gruppe gewinnen, die sich diese Vergangenheit erzählt.
Jan Assmann, 174

Literatur:
Rainer Albertz, Exodus 1–18. (Zürcher Bibelkommentare), Zürich 2012.
Kommentar mit übersichtlich gedruckter, gut begründeter Aufteilung literarkritischer Schichten.

Jan Assmann, Exodus, 2. Aufl., München 2015.
Immer noch lesenswerter Klassiker zur »Revolution der Alten Welt«;
s. o. Kontexte.

Helmut Utzschneider/Wolfgang Oswald, Exodus 1–15 (Internationaler
Exegetischer Kommentar zum Alten Testament), Stuttgart 2013.
Eindrucksvoll detaillierter Kommentar, der die synchron-ästheti-
sche Analyse der heutigen Textgestalt mit diachron-literarkritischen
Ergebnissen konfrontiert und zu spannenden »Synthesen« kommt.

Christoph Dohmen, Mose – Der Mann, der zum Buch wurde. (Biblische Gestalten Bd. 24). Leipzig, 3. Auflage 2018.
Die Monographie beschäftigt sich vorrangig (gelegentlich langat-
mig) mit der Wirkungsgeschichte der Mose-Erzählung.

Autorinnen und Autoren

Pfarrer Stefan **Bergner**, Bad Honnef
Pfarrer Oliver **Böß**, Mackenbach
Pfarrer Götz **Brakel**, Lüneburg
Pfarrer Mathis **Burfien**, Hannover
Pfarrer i. R. Dr. Ludwig **Burgdörfer**, Wernersberg
Oberlandeskirchenrätin Claudia **Brinkmann-Weiss**, Hanau
Pfarrer Joachim **Deterding**, Oberhausen
Pfarrer Martin **Franke-Coulbeaut**, Darmstadt
Pfarrerin i. R. Martina **Gutzler**, Pirmasens
Pfarrerin Anne **Henning**, Neustadt an der Weinstraße
PD Dr. Christine **Jacobi**, Hohen Neudorf
Superintendent Dr. Robert **Jonischkeit**, Eisenstadt in Österreich
Superintendent Hans-Jürgen **Kant**, Halle an der Saale
Pfarrerin Monika **Lehmann-Etzelmüller**, Weinheim
Pfarrerin Elisabeth **Müller**, Mülheim an der Ruhr
Kirchenpräsidentin Dorothee **Wüst**, Speyer
Pfarrer Tobias **Ziemann**, Potsdam